LOVING
YOURSELF
INTO
WHOLENESS

21天幸福覺察小練習，活出靈魂的原廠設定

在愛中
成為自己

黃詩君

———

著

「阿花的心裡話」

　　我跟詩君一樣，對於時間的記憶力不好，也許更嚴重，對於過去，常常只記得一個大概，其他多半不記得了。

　　但我記得很清楚，好幾年前，詩君就斬釘截鐵跟我說：「我打算寫一本書！」好像是在竹教大南大校區7-11外面的露天咖啡桌上，詩君跟我說的。記得那時候我們還煞有介事討論了許多書寫的可能性，好像是跟語言教學有關的，但是方向還很模糊。記得那時候，詩君剛剛生完一場病，好像在請假中，好像也正在上華德福師訓，也在學薩提爾……有些細節可能我記錯了。重點是，我感受到，詩君有強烈的企圖要寫一本書，跟世人分享！

　　而她真的做到了！書的主題好清楚，就是怎麼愛自

己和怎麼愛周圍的人。詩君把自己對生命經驗的反省與學習的心得，毫無保留地寫出來，而且裡面有好多的溫暖、誠實的自我揭露和耐心的叮嚀。很為她高興，因為寫這本書，詩君把自己也梳理明白了。

原來，這本書是詩君早就打定主意，要送大家的一份愛的禮物。其實，詩君自己，就是上天送給我們的一份愛的禮物。有詩君在的地方，就有熱情的分享與流動。她就像一團滾動的火球，不斷的把溫暖帶往各處。

有感受到了嗎？熱熱的。

成虹飛

人稱阿花，是詩君讀碩班時的導師，亦師亦友二十年

愛就是注意力，就是「我」

連續十年，我看到詩君在每週二「易學律動／神聖舞蹈」的練習中，對頭腦的理智、心理的情感和身體的實踐，這三個部分同時下功夫，馴化它們，讓它們能夠和諧的一起工作，而帶來了快速成長與蛻變。

現在她把這些體會，以及她過去在不同領域裡，所理解的理論、工作的方法和生命的經驗，寫成這本既有感人故事，又有堅實的理論基礎，更有可實際如法炮製的方法。作為心靈成長類的這本書，真是太棒了，一定要推薦給更多的朋友閱讀、練習與實踐。

我含著淚水看了一章又一章，詩君的字裡行間裡，記述著她生命裡所發生過的真實事件，處處充滿了強烈的熱情與真誠的關懷、時時替對方的處境著想，陪伴當事者在最艱難的困境中，自行找出一條適合自己的出

路；為生命中看似無路可走的黑暗時刻，帶來了光明與溫暖，而重新走向康莊大道。光是把這本書當故事集看，就非常引人入勝並異常感動，但這只是部分內容而已。

更重要的是，透過這些真實事件，詩君為我們帶入鮮為人知的「第四道」理論，這是迥異於我們所知的現代「心理學」和傳統的修行道途。它是從智慧、慈悲與實踐這三個不同向度，同時下手的特殊方法，也是一種「人可能進化的心理學」，更是一種優化人類生命品質的學問；一種「從認識自己」開始，然後有效的「工作自己」，最後「成為自己」的心靈成長指引。經由詩君的實例與說明，我們將可以輕鬆容易的掌握這些祕傳數千年、極為難懂卻又十分有效的理論。

在心靈成長的道路上，有許多人困擾於明明內心有感受到、頭腦也很清楚的知道、但往往不見實際效果，甚至一事無成的狀態中。那是因為光有愛、有意願、有方法、有意識還不夠完整，必須要加上付諸於實際的行動，才會見到實際的成效；所以詩君在書中又為我們帶入最重要與最關鍵的內容——練習與實踐。書中許多簡單有趣又有效的練習，可以幫助我們從「知道」變成「做到」，把理論和技巧化為自己生命的一部分。

綜上述的一切，要如何簡單的表達與實踐呢？正如

她在書中所說的那樣：「對我來說，成為自己是一個『現在進行式 ing』的歷程。若轉化成一個簡單的公式，就是『成為自己 ing= 情感＋理智＋身體』」；而要讓這個簡單的公式持續有效運作，最主要的動力來源就是對生命的「熱愛」。

注意力在哪裡，愛就在那裡，慈悲就在那裡。愛在哪裡，注意力就在那裡，智慧就在那裡。「注意力就是愛」，或者反過來說「愛就是注意力」，這兩者是一體的兩面，而這個體就是「我」。我深信透過閱讀本書的內容加上實際的練習，一方面可以為自己帶來更多的愛，另一方面也帶來更深更廣與更敏銳的注意力，兩者相輔相成而成就了自己（我），成為了本然的自己。

我的工作是協助人們去「成為自己」，而不是任何人的第二。詩君走出了她自己的路，讓我感到與有榮焉，十分開心。因此特別要推薦這本同時「工作」在「情感＋理智＋身體」的精彩成長書籍，推薦本書讓更多的人借鏡於她，希望有更多的人因此而聽到自己內心的呼喚，找到生命的熱情與靈魂之愛，走向「成為自己」的道途。

林世儒 (走在成為自己路上的人)

易學律動及神聖舞蹈老師、易學按摩老師、易學靈氣老師

部落格：示如在現 www.samasati.org

信箱：niten@samasati.org

生而為人的使用說明書

「神祕的命運知曉每一粒塵埃的一生，讓我們講述我們的故事，如一粒微塵。」

——魯米

在暖暖朋友家第一次看見詩君！

「這是一朵花，同時也是摧殘花朵的風暴」，看著擁有熾熱生命力的她，也好奇隱藏其中的掙扎。

在停車場，她問了我跟佛教有關的問題，在那敞開的眼神中，我傾吐的能量不合時宜，卻被她牢牢的接住了。

在蓮花基金會分享的「本質顏色」課程中，再度看到她。看她如何投入，如何好奇自己，好奇他人；在練習中哭泣，挫折，不掩飾的訴說。

基金會的課程結束，同學們還想繼續學習，詩君邀請我去家裡看場地。「家裡的場地不適合嗎？我認識一個人，她家裡很大……」她就是這樣積極熱情。我們的團體有了繼續的場地。

　　上了一段時間後，詩君在團體中，有意識的讓自己不急著發表，刻意的讓同學們一個一個訴說，她在觀察自己，不熱情會怎樣？沉默會如何？為什麼總是要踴躍發言？為什麼總是跑第一？

　　在愛中成為自己。然而，我看到她一直以來，在愛中成就他人，協助別人。那是怎樣的愛？又是怎樣的自己？從這一端走向書的標題，那是怎樣的一段路！

　　在這本書中，詩君整理自己──那些屬於看得到、摸得到、也感覺得到的，跟身體中心有關的經驗，如何扭曲，怎樣能夠順其自然，發揮身體中心的功能！？那是跟學生、跟家人互動，在自己身上或慘痛，或驚險，更多的是種種恩典的故事。又有看不到、摸不到，但是感覺得到的心理層次、情感中心，這部分的運作如何幫助我們彰顯自身，如何成就連結，怎樣落實愛。彷彿是採擷不盡的故事，並且還有那個看不到、摸不到，也感覺不到的理性中心。

　　那就好像把一件毛衣細細的拆解，紅色的線、白色的線，原本交織一塊，形成的生命經驗；為了這本書，

詩君將過去的經驗拆解分裝，毛衣還原為一團一團的線球！

生命經驗被拆解，而成就這本故事說明書！是的，這本書有很多故事。同時，又是一本生而為人的使用說明書！

我很好奇，跟著詩君的引導與小練習，讀者將如何遇見自己，並在生命中結出愛的果實！

張幼丁

本質工作者

美味感人又營養的靈魂餐點

我與詩君這一世在 2014 年相識，是靈性修行的好夥伴，我們一起上神聖舞蹈、鑽石途徑等課程，一起去不丹、西班牙等地朝聖旅行。十年後看到詩君匯聚生命精華而寫出這本書，讓我超級開心！地球上終於出現一本好看易懂、又有實際練習的「三中心」入門書。

我帶領催眠、排列、神聖舞蹈等工作坊，都是以理智、情感、身體三個中心為框架，讓學員可以藉此更清楚的觀察自己，並且了解真正的自己是超越這三者的。

許多初次接觸三中心的學員會請我推薦相關書籍，我通常會推薦《觀察自己》這本葛吉夫第四道的入門書，因為其他相關書籍都很深奧難懂；然而就連這本入門書都不是那麼好讀，可能是因為這些書都是理智中心主導吧！

詩君本來就是情感中心的人，她的文字充滿了情感的魔力，讓人一下就被吸入動人的故事情節中，完全打開了我的情感中心。當我含著淚看完故事，全身浸泡在感動裡時，詩君又適時適量的帶入三個中心的認識與覺察練習，一切都是那麼的恰到好處。

　　就像是詩君在書中選餐廳的例子：理智中心考量的是 CP 值或營養與否、情感中心會想要燈光美氣氛佳、身體中心在乎的是好不好吃。那這本《在愛中成為自己》就像是營養又色香味俱全的餐點，同時滿足了三個中心，最終滋養著靈魂。

段世龍（Ahlong）
美國 NGH 催眠師、葛吉夫律動老師、「潛意識好好玩」部落格作者

在愛中，還原靈魂最初的幸福樣貌

　　一直無法提筆，捨不得寫序。因為一旦完成序，也意味著這本書的完成與句點。

　　我覺察到情感中心的不捨，感受心中對文字的深切情感。接著我轉到理智中心，聆聽頭腦的話語，觀察自己是如何轉念的？

　　理智中心開始訴說：一本書，就像一個人。或許不是告別，而是重生的開始。這本書誕生之後，將會開啟它專屬的人生。我的生命也將進入一個全新的階段，我不再只是一名教師，而是完成我的夢想，成為一名作家。

　　於是，我開始有內在動力，啟動身體中心，完成本書的最後一篇文章，也就是「序」。

　　像是按下電腦的「Reset」鍵，最終的文字，成為

本書最初的開端。

這就是我覺察三個中心，讓三個中心整合的歷程。

對我來說，幸福是一種能力，是透過刻意練習培養的，是需要不斷覺察三個中心，接納內在衝突，並進行三個中心整合的最終生命樣貌。

2014 年，同步展開「鑽石途徑」以及「神聖舞蹈」的靈性學習，兩個學習同步強調三個中心的重要性。三個中心包含身體中心、情感中心以及理智中心，為我日後學習薩提爾的冰山理論以及華德福教育奠下根基。

如同一棵樹，它沒有設定自己要長成什麼姿態。

我的寫作過程也是如此。

這麼多年來，我只是不斷的書寫覺察日誌，享受文字帶給我的喜悅與滋養。我想為我的生命留下些什麼，以情感，以思考，以實際的行動。

十年前，我就許願要出一本書，為我的夢想埋下種子。

種子被埋進土裡時，也許不知道自己會長成一棵什麼樣的樹。

它只是奮力的發芽，吸收土壤的養分及雨水帶來的滋潤，在當下的每一刻，盡情享受生命的成長。

也許一直要到蘋果結出來了，蘋果種子才知道自己是一棵蘋果樹吧～

然而，成為蘋果樹的所有條件，早就藏在蘋果種子的基因裡面，只是等待它去經驗。

最初，我並不知道我的書會長成什麼樣子，結出什麼樣的果；但我相信所有的必備條件，都在我的靈魂原廠設定裡。

透過一次次獨特的生命書寫，重新為自己重要的生命事件命名，並且提供不同的觀點與面向。重新挖掘在自己主流的故事中，是否有許多支線被忽略和隱藏。

我如何定義自己？

這樣的定義來自主流價值的社會觀點嗎？

還是出自於靈魂的召喚？

三個中心的覺察帶我更活在當下，體驗當下的美，感受人與人之間愛的流動。不管是對自己或是對他人，在多元觀點的視角下，我不再是偏頗的從單一面向看一個人。我學會拉開距離，產生一個觀察的空間，以更整體、更全面的觀點重新看待自己，以及迎接來到面前的每一個人。

我看見內在巨大的改變。

比起目標的達成，我更在意過程的體驗。

比起完美，我更重視完整。

我學會好好當一個人。

當一個人，意謂著，我會好好呼吸。

我可以開心的享受陽光、空氣、花和水。

我思考，我感受。有時哭泣。

我思考生命的意義。

我感受各種愛的連結。

讓愛，允許一切。

愛是流動。

從我的心，流到你的心。

再從你的心，流到我的心。

愛，流過所有控制，所有抗拒。

讓愛，穿越一切。

愛，是甜甜的我，與甜甜的你。

愛是你我形成的幸福甜甜圈。

邀請你，在愛中，還原靈魂最初的幸福樣貌。

讓每一份關係，都成為愛。

最後，致上最深的謝意。

每一份閱讀與成就本書的愛。

文字因你們的愛，而不斷重生。

目錄

走在成為自己的路上

第一章

每個人都具有身體、情感和理智等三大
類型的機能，影響著我們的所作所為，
這三股力量稱為「三個中心」，包含「身
體中心」、「情感中心」及「理智中心」。
透過詩君的生命故事，了解「三個中心」
如何運作、產生衝突，最後走向和諧一
致的過程，藉此探索自己的完整性。

我，在哪裡？

　　沒想到，我一開口就哭了，而且是在一百個陌生人面前。

　　那是 2019 年的春天。我在教育局當專案教師，為柯華葳老師帶領的「愛的向日葵教育志工團」服務，辦理薩提爾研習課程，邀請李崇建老師分享薩提爾模式。

　　崇建老師在台前講解如何感受情緒：當時我被邀請上台，名義上我是那天的助教。崇建老師讓我們覺察情緒，我覺察到內心有難過。崇建老師當眾示範，請覺察情緒的我，說出：「我感覺到難過。」

　　我一說完這句話，瞬間淚崩。崇建老師詫異的看著我說：「我都還沒問妳話，怎麼就哭了？」我也想不通，這麼在意形象的我，竟然當眾掩面哭泣，怎麼會這樣？

原來我的情緒，一直被深深的壓抑著，渴望被自己看見。

崇建老師是個敏銳的人，那天中午，我招呼他吃飯，即使他已經表達不需要麻煩，但我仍盡可能招呼他，希望他感到舒適。他看著我說：「詩君，妳在應對他人的姿態比較接近討好，這樣會很辛苦，多照顧自己一點。」

我的眼淚幾乎又要落下。回顧我的生命，大部分都在滿足他人需求，藉此證明自己，我是有價值的，我是值得被愛的。

還記得 2015 年，我收到一份生命大禮。看著健檢報告，醫生對我說：「妳確定是第一期肺腺癌，建議妳馬上開刀，因為肺腺癌的轉變很快，短時間內就有可能轉成第四期。」

當時我剛接五年級新班，若馬上開刀加上休養，我就不能陪伴學生兩年。我不願意放棄與學生相處的任何時光。還記得當晚與老公深談，帶著堅定的口吻說：「我寧可死，也要把學生帶完再開刀。」老公知道我在某些時刻異常固執，他無法改變我的心意。老公一直非常疼愛我、呵護我，不管我要做什麼，總是支持我。這一次也是如此。我看著他默默含淚，卻再也沒有多說什麼。

這份愛裡有很深的不捨，也有尊重，但我並沒有顧及他的感受。

我把與學生的情感連結，看得比我的生命與家人更重要。

對我來說情感的連結是生命中最重要的事。我不知道是哪裡來的勇氣與執著，竟然把學生擺在我的生命之前，也真的等到學生畢業後才開刀。幸好依然是肺腺癌第一期。

我總是聽見學生，看見學生，卻常常忘了自己。

我，在哪裡？

是否因為如此，我的心總是想哭泣？

我從未好好傾聽自己。如果我不是一位老師，不能好好的陪學生成長，我還有價值嗎？我可以只是活著，不必特別做什麼，就有價值嗎？我願意愛這樣的自己嗎？這些內在的聲音，過去是被我忽略的。

我是誰？

我是怎麼樣的靈魂？

我的存在是獨一無二的嗎？

我要如何成為自己？

我從小就很喜歡思考這類問題。

什麼是成為自己？

在思考這個問題之前，我必須先思考什麼是自己？

這個自己是誰？在哪裡？以什麼樣的姿態活著？

如果我不知道自己是誰？

我又如何能成為自己呢？

「我是誰」，一直是哲學上的大哉問。

我不是學者，不是專家，只是一個從小就對探索自己有興趣的人。還記得十歲洗澡時最喜歡思考的問題，就是如果我死了，我去了哪裡？我會消失不見嗎？這個世界如果沒有我，怎麼辦？

然後我會開始感到害怕，害怕這個世界沒有我，害怕我會失去這個世界。有一個正在思考哲學議題的小詩君，有一個正在害怕失去生命的小詩君，她們同時存在著。

最有趣的是我只在洗澡時思考這個問題；因為一天當中，我最開心的時光，就是洗澡時間，最容易進入天馬行空的狀態。這是正在享受身體放鬆的我。

哪一個才是真實的我？

理智的我，享受思考的我？或是情感的我，因為想到死亡感到害怕的我？還是正在享受洗澡帶來身體放鬆的我？或者她們都是我，我其實是由很多小小的我所組

成的？

　　有沒有可能，「我」其實是一個整體的概念，我們的內在其實是由許多細微的部分所組成的？

我願將自己活成一朵花，有時含苞待
放，有時燦爛乍現，有時香氣迎人，
有時略顯枯萎，卻仍不放棄綻放。

01
認識三個中心

有沒有過這樣的經驗，每到用餐時刻，內在就開始猶豫要吃些什麼？

有一年冬天，我正在學校觀課，已經接近中午時分，我的肚子開始咕嚕咕嚕了起來。那天好冷，我好想要喝一碗中式熱湯，但同時又想要享受在咖啡廳的浪漫氛圍，放鬆緊繃的心情。

我感受到身體渴望透過一碗熱湯帶來的溫暖，也看到自己的心對浪漫氛圍的渴望，內在正處於猶豫不決的狀態。此時頭腦忽然冒出一個聲音，制止了內在的掙扎：「妳也太不專心了吧～」頭腦這一罵，我趕快定睛凝神，繼續眼前的工作。

觀課結束，我繼續猶豫到底要吃什麼。沒想到同事又詢問了我一些問題，我必須放下飢腸轆轆的肚子，專注的回答。

解決了同事的疑惑，我來到校門口，發現根本不需要猶豫，因為瞬間下起了滂沱大雨。我當下立即捨棄要走十幾分鐘才能喝到的中式熱湯，就近走到對面的咖啡廳用餐。

　　我們的內在其實有好多聲音、需求，都等著被滿足，但我們未必都能聽見。有時我們在這些聲音裡掙扎，載浮載沉。

　　究竟我們的內在有幾個我？每個人都有人格分裂症嗎？

　　你是否曾經仔細觀察自己？有沒有發現自己像是戴了許多張面具？

　　面對不同的人，不同的情境，就會自動換上不一樣的面具？

　　舉例來說，我們面對家人、朋友、同事、陌生人，所有的行為態度與舉止，可能就完全不同。面對不同的人，又會有個別的互動模式與慣性的行為反應。就像前面的例子，如果是跟家人在一起，我就會說：「別問

了，我快餓昏了，趕快去吃飯吧！」但是因為對象是同事，我必須禮貌性的回答問題，才能夠理所當然的填飽我的肚子。

葛吉夫（Gurdjieff）是第四道（見 P36）的創辦人，他曾說人是由「群我」（見 P252 定義）或「諸我」所組成的，也就是說我們的內在不只有一個我，而是由很多個我所組成的；於是我們常發現內在有很多聲音，有些聲音彼此是互相對立衝突的。人性的複雜之處，就在於充滿各式各樣的矛盾。

就像前面的例子，同一段時間，我又想要中式熱湯帶來的溫暖，又想要享受浪漫的氛圍，同時又有一個聲音要我專注工作。

依照葛吉夫的說法，每個人都具有身體、情感和理智等三大類型的機能，它們形成了三股力量影響著我們的所思所想、所作所為。它們也被稱為「三個中心」，也就是「身體中心」、「情感中心」及「理智中心」。因為身體中心又包含兩個部分：「本能中心」與「運動中心」，所以有些書籍會稱為「四個中心」。

寒冷的冬天，渴望一杯熱湯為身體帶來溫暖，這就是「身體中心」的運作。

它包含兩類，「本能中心」與「運動中心」。

「本能中心」是指一出生自然而然就會的能力，例如呼吸、消化、排泄等生理機能；同時包含五種感覺，視覺、聽覺、嗅覺、味覺、觸覺，以及其他身體上的感覺，諸如重量感、溫度感等，身體所產生的各種感覺，以及這些感覺所引發的情感，會為身體帶來愉快或不愉快的一切感受。

當我發現外面開始下起大雨，不想要淋雨的不適感，就是本能中心在運作。最後決定選擇對面的咖啡廳，同時也考量到運動中心。若是喝熱湯，我必須走十多分鐘的路，在飢寒交迫的狀況下，身體會十分疲倦。

「運動中心」則是包括了所有的外在運動在內，譬如說話、走路、寫字、飲食以及對於這些運動的記憶。這是後天透過學習，才能逐步學會使用身體的能力。

簡言之，不需要學習的身體能力，就是本能中心在運作。

需要後天學習的身體能力，就是運動中心正在運作。

當我想要去咖啡廳，享受美好的爵士樂，在落地窗旁喝杯咖啡，吃個簡餐，對這種浪漫氛圍的渴求，正是情感中心的運作狀態。我的情感中心常常沉醉在美的世界裡，嚮往美好的人事物。

> 「情感中心」包含內在升起的各種情緒活動，以及與人互動連結時所觸發的各種感受。通常我們對一件事物的熱愛與追求，以及內在被觸發的動機，都與情感中心有關。

當我的腦海中，出現一個提醒我專注工作的聲音，就是理智中心正在運作。我的理智中心習慣進行邏輯分析，並且擅長解決問題。

> 「理智中心」包含邏輯思考、推理分析、印象的認知、陳述與概念的形成、比較、肯定、否定、說話、想像等大腦的運作能力。整體而言，理智中心的大部分工作在進行比較，並且藉此評斷兩個或兩個以上印象的結果。

這三個中心（身體中心、情感中心、理智中心）是互相依存、同時或交替運作的，很難把它全部切分開來，基本上我們的內在就是一整個系統，只是為了幫助我們識別，才特別將這三個中心區分做解釋。

　　這就像前述的案例，我在十歲思考存在與死亡時，三個中心都在運作。「如果我死了」的想法、害怕死亡的情緒以及洗澡時的身體感受，他們會輪流或是同時被我意識到。

　　依照葛吉夫的說法，人類會特別偏好使用某一種中心，會最先滿足這個中心的需求，或最喜歡使用這個中心來處理問題，面對生活。有些人偏好使用理智中心，凡事喜歡先思考，進入邏輯分析模式，滿足於解決生活中的各種問題。若是以情感中心為重的人，做事情的動機，往往是以滿足內在的情感為主，很容易與人連結，並且與他人有強烈的情感交流；遇到各種挑戰，容易產生各種情緒，並且陷入自己的情緒中。身體中心的人花較多的注意力關注身體的狀態，以滿足身體的各種慾望為主。

葛吉夫的第四道

「葛吉夫的第四道」是一門整合身體、情感和理智的修行
法門。葛吉夫將傳統的修行方式歸納為三條「道路」：著
重於駕馭身體的「苦行僧之道」、基於信仰和宗教情感的
「僧侶之道」，以及專注於發展頭腦的「瑜珈士之道」。
融合以上三者的修行途徑，鼓勵在塵世中修行，因自成一
格而被稱為「第四道」。第四道的修行重點在喚醒更高的
意識，透過不斷的覺察三個中心的狀態，提升當下每一刻
的意識，才能讓內在真正的自己甦醒過來！

不懂

怎麼可能心空空的 卻又滿滿的

想哭

卻又覺得美好

頭腦衝撞

心在矛盾中安息 抓住

每個時間的銘印 靈魂的刻痕

可以不要忍了嗎？

面對生命的無常，你經常忍耐嗎？

這是我與一個學生的談話過程，可以看見三個中心是如何運作的。這位學生當時正面臨老公外遇的問題，狀況時好時壞。

我們談話那天，她一見我就說：「我整個星期都吃不下飯，因為第三者打電話跟我嗆聲，問我為什麼還巴著我老公不放，我快氣死了。」

我問她：「此刻身體有什麼感覺？」

她說：「整個胃部悶悶脹脹的，心也是，一直有反胃的感覺。整個星期都很想吐。」

她說：「我一直忍耐，不想跟先生吵架，因為我怕影響到孩子生活。」

我看著她，心疼的跟她說：「可以不要忍了嗎？」

我感覺到她全身塞滿情緒，隨時會像火山一樣噴發出來。

我心裡忍不住想：「難怪她會想吐，這些情緒能量需要被釋放啊！但她卻把整個火山口蓋住了。」

我見她沒有反應，又再說了一次：「可以不要忍了嗎？」

她一臉驚慌的跟我說：「怎麼可以？不忍住的話會掉眼淚。」

我問她：「掉眼淚會怎麼樣？」

她說：「怎麼可以哭？那是懦弱的象徵，哭又沒用，什麼問題都不能解決。」她並不喜歡那樣的自己。

我看到她的內在正有一場激烈的戰爭在進行著，是兩個自己在打架。一個是情感的自己，想用眼淚表達受傷的心；另一個是理智的自己，不允許自己掉淚，覺得哭沒有用。最後這場戰爭的受害者，是身體。我們的身體常常變成理智與情感打架後的砲灰，它總是無怨無悔，默默承受各種不舒服。

於是我把我的看見告訴她：「我看見妳的內在有一個想哭的自己，卻又有另一個聲音，一直要自己忍住不能哭，這樣不是很辛苦嗎？我聽了都心疼。如果真的想哭，就讓自己好好哭，好嗎？不要再忍了，好嗎？」

她聽完我的話之後，整座火山開始透過眼淚大量噴

發，以一種很溫柔的方式釋放，眼淚綿綿不絕如細雨。我只是靜靜的陪她掉眼淚，什麼都沒說。她哭了好久好久，彷彿要把這一生一直被自己壓抑的眼淚，全都釋放；感覺她周遭的空氣，原本凝結的狀態，都如同她的身體肌肉，逐漸鬆開了。

哭了一陣子，她忽然笑著跟我說：「老師，我現在好餓喔！我想去點餐！」聽到她的話，我有一點訝異。

等她點完餐回來，我問她：「現在身體的感覺如何？」她說：「胃和胸悶的感覺全都不見了，一直想吐的感覺也沒有了。現在胃部空空的，很想吃東西。」

這是我第一次真實的感覺到原來情緒跟身體的連結這麼緊密，起初並沒有想到情緒的能量，竟然會把身體塞得那麼滿，連進食的能力都沒有。難怪許多理論都證實，很多身體的疾病根源，都與情緒有關。

我如何讓一個星期無法下嚥的她，短時間內就想要吃東西？不過就是讓她看見情感與理智中心在打架，讓情緒獲得釋放啊！

我讓她稍微吃過東西之後，再繼續深入探究；當身體中心以及情緒中心的能量開始流動之後，我們的理智中心也會運作得比較順暢。她從與丈夫的關係談起，說到最後，說起此生的孤獨感。她的父母在她很年輕時就去世了。

她說：「我這輩子只能靠自己，我覺得好孤獨，總是一個人。我常常感覺不到愛。」原本不哭的她說得聲淚俱下。

　　不知道為什麼，我聽到這裡好心疼、好不捨。我心想：「妳一點都不孤獨啊！我在這裡啊！我陪著妳啊！我很愛妳啊！」然後我做了一件對我的理智中心來說非常不專業的事，這不是一般我在一對一覺察課會做的事。我知道此刻的任務，需要讓她感受孤獨感，看到孤獨感的存在意義，或者改變某些信念與期待，進而與自己產生更深刻的連結；但當下我的情感滿溢，想脫掉老師的角色，關掉理智中心的聲音。

　　我流淚了，我也不想再控制我的淚水。我意識到內在也有兩個自己在打架。我的理智覺得我是一個老師，要盡責的幫助學生覺察，避免過多的情感介入；但我的情感中心渴望表達我的心意。看著心愛的學生這麼傷心，好幾次都想跟著她流淚。

　　我忍不住也問自己：「可以不要忍了嗎？」答案是肯定的。

　　於是，我不捨的輕輕喚著她的名字，跟她說：「我一直當妳是朋友，聽到妳的孤獨，我覺得很難過也很不捨。我最近其實很忙，但因為當妳是朋友，我才跟妳談話啊！我想讓妳知道我只是真心的想在這裡陪著妳。不

是因為我是妳的老師，我才在這裡陪著妳。我想讓妳知道，我很愛妳，妳值得我對妳付出滿滿的關心與愛。妳並不孤獨。」

然後，我們兩個就一直對坐著哭泣，那是一種感動的淚水。

那一刻，我們彼此觸碰到對方的心，然後產生了愛的共振與漣漪。這次的經驗，讓我願意放掉許多頭腦的聲音，或是某些角色帶來的框架與規條，尊重當下的心意。我讓理智中心停止工作，全然的交由情感中心運作。

允許情感流動。

允許眼淚釋放。

真實的聆聽內在的聲音，真實的說出心底的渴望。

希望透過這個故事，讓大家更理解身體、情緒及理智中心彼此是如何運作與交互影響的。

貼著自己的心

讓最後一層薄膜

慢慢被空氣侵蝕融解

只剩一片空無

空無中

我與自己

真實的相遇

02

探索自己的三個中心

想知道自己是哪一種中心的人嗎？

如果你買了一支新手機，你會如何學會使用這支新手機？

一拿到手機，就依靠直覺進行摸索，按按各種功能，你可能是身體中心的人。依靠直覺是身體的本能中心在運作，動手到處嘗試各種功能是身體的運動中心在運作。

如果你喜歡邊拿說明書邊研究，邊操作，可能是理智中心的人，喜歡透過頭腦分析判斷，探索新事物。

如果你不喜歡自己動腦筋，也懶得自己操作，通常會動用關係，請周圍的人研究完之後再教你，你可能是情感中心的人，因為情感中心的人會善用關係，幫助自己解決問題。

上面所說的並不是絕對的，因為在使用不同中心時，也可能是後天的經驗學來的。小時候也許你是身體

中心的人，喜歡自己摸索探究，但因為常常弄壞東西，被父母責罵，於是你開始使用理智中心，也就是我們本來可能會偏好使用某種中心，但是因為後天的情境，會調整自己的狀態，視各種時機決定先使用哪種中心。

　　大部分的時候，我們會同步使用三個中心，也會依照當下的情境，從三個中心中挑選最有利的方式運作。以剛才的手機為例，身體中心的人在嘗試錯誤幾次後，發現仍然不會使用手機，自然就會拿起說明書研究；情感中心的人在周圍都沒有人可以協助的狀態下，也會拿起說明書研究。只是我們選擇某些中心的運作比例會偏高，較常被使用，作為行動的依據與標準，最後影響我們的決策與行為。

　　怎麼知道自己比較偏好使用哪一個中心呢？

　　「如果今天你去餐廳用餐，你是如何選擇餐廳的？」

當我問這個問題時，請你回想大部分的時候，你是如何決定的？你是怎麼選擇餐廳的？哪一個是優先被滿足的條件？

選擇餐廳，最在意的是什麼？食物是否美味？還是餐廳的裝潢或氣氛是你喜歡的？還是這個餐廳最能滿足你的所有需求？你會逐一思考當下的需求，並且希望餐廳的 CP 值是最高的？

如果你特別在意食物是否美味，只要食物好吃，願意在夜市花大把時間排隊等候，很有可能就是身體中心的人。

如果你講究氣氛，喜歡在燈光美氣氛佳的環境用餐，你可能就是情感中心的人。

如果你會花時間搜尋各式各樣的餐廳，並且仔細閱讀網站內容，研究考量多種條件，進行餐廳間的評比，可能是理智中心的人。

選擇在哪裡用餐，就可能因為我們是不同中心的人，而有不同的決定。起心動念不同，所考量到的優先條件與需求，也都不盡相同。

即使是同一個人，也會因為當下的需求，選擇滿足不同的中心。如果那一陣子經濟狀況較為拮据，也許大部分選擇的都是便宜的餐廳，使用的可能是理智中心居多；如果是特殊節日，為了聯繫與他人的情感，想要好

好慶祝，也許渴望滿足的是情感中心。有時我們的身體會特別想吃某類食物，可能是想滿足本能中心的慾望。

　　不同生命階段，使用三個中心的狀態可能也不同。回想生病以前，我所有的力量都用在滿足情感中心以及理智中心，很少顧及我的身體中心，總是把我的身體操到最後一刻。那時全身有許多莫名的疼痛，不知該看哪一科。胃痛、頭痛、背痛輪著來，最後才發現是自律神經失調。

　　我的身體一直用疼痛向我抗議，但我卻視而不見。

　　如果最終沒有了身體，我如何與學生、與生命的重要他人產生愛的連結？只能說我十分幸運，最後仍保有生命。

　　生病之後，我開始更重視身體的健康，更有意識的鍛鍊身體中心，盡可能優先滿足身體中心的需求。

　　因為一場病，改變了我使用三個中心的慣性。以前是情感中心優先，現在是身體中心優先。

　　三個中心是一個簡單易懂的方法，讓我們可以快速認識自己的工具。這套理論與教授的方法，來自於我兩個最主要的靈修課程。一個是心理學的鑽石途徑，另外一個是「易學律動／神聖舞蹈」；將近十年，同時學習這兩門靈修課程，對我來說是很重要的生命經驗。有興趣的夥伴可以上網查詢這兩種課程。

眼淚是珍珠

　　我曾經很討厭我的眼淚，沒想到眼淚竟然救了一個學生。

　　情感中心的我常常會忍不住哭泣，但我的理智並不允許，所以情感與理智常常處於打架、衝突的狀態。

　　有一次，一個讀國三的學生寫訊息給我：「老師，我差點殺人了，還好妳救了我。」我想起當年與這個學生的一段緣分。

　　這是一個特別的學生，我是他的三年級導師。他因為身心發展遲緩，到三年級還不太會說話，異常的過動，常常像個小猴子般在教室跑來跑去。他需要服用治療過動的藥物，因為生理與家庭背景特殊，我總會特別照顧他。

　　他最令我煩惱的是偷竊的習慣。因為他沒有辦法言

語，再加上身心發展遲緩，長期輔導也沒什麼效果。

　　有一次，他又偷竊了。訓導處的同事把偷竊的照片送到我面前。

　　我帶他到教師休息室，拿著照片給他看。他臉上沒有任何表情，也無法解釋，只是呆呆的看著我。回想這一年，我用盡各種方法，甚至是我最討厭的懲罰，他的偷竊行為都沒有改變。我一時悲從中來，開始訴說我的無力與不捨。

　　我喊了他的名字，跟他說：「每次看到你偷東西，我就會很難過。我不知道要怎麼幫你；如果你需要什麼，可以跟老師說啊～但我不想要你偷東西，不想要你以後因為偷東西被警察抓去關。我不想要以後去監牢看你，我捨不得看你被關。」然後我越想越難過，想到他沒有希望的未來，就忍不住放聲大哭。

　　我邊哭邊看著他，沒想到他本來沒有表情的臉，線條逐漸柔和，眼眶開始濕潤泛紅，接著落下幾滴眼淚。那是我第一次看到他哭。

　　我忽然看見一絲希望，想著他還會哭，那就有救了，表示他能感受到我的愛與關懷。我告訴他：「老師這次還是會原諒你，希望你不要再讓我傷心。如果真的需要什麼，請你直接跟我說。」

　　從那一刻起，他不再因為偷竊讓我煩惱。我知道，

他不想要我傷心。

　　他上了國中之後，常常回校看我，忽然變得很會講話。其他學生跟我說他開始混黑道，我還是如常的關心他。

　　那天夜裡，在臉書收到他的訊息，好長的一段文字。我不知道從什麼時候開始，他竟然能夠寫出這麼長的文字，還這麼通順。生命有它自然的成長軌跡；對他來說，說話書寫雖然慢些，但仍舊會開花結果。

　　訊息內容提到他開始混黑道，昨天大哥要他跟另一個小弟，拿刀去殺一個人。他拿著刀，在進屋前，忽然想起我的臉，想起我的眼淚，想起我跟他說：「我不要以後去監牢看你。」於是，他瞬間鼓起勇氣，轉身把刀交給另一個小弟，快速逃了出去。

　　他的最後一句話寫著：「老師，妳的眼淚救了我。再壞的人，站到妳面前，都做不了壞事。」

　　我曾經對自己有批判，覺得眼淚訴說我的情緒化；從這次之後，我終於能接受我的眼淚，看見我的眼淚如此珍貴。

　　一直以來，對自己情緒化的厭惡，其實是一種從未自我接納的狀態，我從未好好愛過自己。

　　眼淚代表的情感，其實是我的靈魂最珍貴的地方。

　　究竟，是我救了學生，還是學生救了我？

我想，是我的愛救了學生，學生的愛又回過頭來救了我。

　　眼淚，讓我聽見靈魂的召喚。情感中心，似乎想喚醒真正的我。

　　是否，有一個真正的自己，一直在等待著我，與她相遇？

　　一個常常會在學生面前流淚的老師，可能不是一個完美的老師，但在自我接納的過程中，我卻感受到自己的完整性。那是我對自己的愛與支持。

　　也許，是生命的完整性讓我們成為自己。

　　眼淚，是靈魂的珍珠。

想念那個
愛笑、愛哭，都像孩子般
百分百投入的自己。

「升」日快樂

　　還記得十二年前，開學的第一天，是您走的第六天。我不知該怎麼向學生開口，說您走了。

　　一直以來，班上的學生像我一樣好喜歡聽您說故事。我總是坐在教室的最後面，聽您說故事給學生聽，明明同樣的故事已在研習會場聽過，我還是會捧著肚子，不顧淑女形象的哈哈大笑。因為，我是這樣喜歡您說的每一個故事。那麼，就用您曾說給我聽的故事《風到哪裡去了》，代您向學生告別。

　　我是這樣喜歡這個故事，很深、很深的喜歡。喜歡故事中的小男孩那一連串可愛又富哲理的問題，蒲公英的絨毛、撞到岸邊的海浪、在秋天掉落的樹葉……它們最後都到哪裡去了。

　　喜歡故事中的媽媽那溫柔而堅定的口吻，總是耐著

性子一一回答小男孩的問題，慢慢的讓孩子體會那種「週而復始」的自然觀。也許，是您當初發現了我的焦慮，知道我總是擔心失去、害怕分離，甚至畏懼死亡，所以讀這個故事給我聽，一掃我內心的不安，讓作者深厚的人生觀撫慰我。

當我再次讀到故事中的那段：「所以說，並沒有所謂的結束啊！他們只是換了地方，以不同的方式出現罷了。」「任何事物都這樣嗎？」小男孩問。「任何事物都這樣。」媽媽堅定的回答。我彷彿看見愛，在母子的一問一答中，輕輕搖盪著，溫暖也跟著在心底流竄著。我知道雖然您的肉體已死，靈體卻始終陪在我和學生的身旁，默默的為我鼓勵，欣慰我也可以把這個故事說得跟您一樣動聽。

還記得說完故事，我問學生們：「真的嗎？所有的事情都不會結束？」學生們個個睜著單純的雙眼，用力的點點頭。

「那麼死亡是一種結束嗎？」我哽咽的問著，掙扎著不讓眼淚掉下來。「不，死亡是另一個新生命的開始」一個學生說道。

漸漸地，學生們似乎發現了我的情緒，雖然不知道發生了什麼事情，幾個天真的學生大聲的說：「老師，如果妳想哭就哭吧！」喔～我的小寶貝們是這麼敏銳寬

厚的包容我這個脆弱的靈魂。我搖搖頭說：「今天我不能哭，最近我都不能哭。你們也不能哭，我們要用微笑面對接下來我要說的事⋯⋯」

然後我把您的噩耗告訴他們，並且說明我不哭的原因，是因為擔心牽絆您前往西方極樂世界。當時的我還年輕，沒有宗教信仰，也不懂這可能會壓抑情緒，當學佛的朋友告訴我淚水會牽絆靈魂，我認真的放在心底。

看著二十五個善良的小天使們，雖然眼眶紅紅的，嘴角卻努力帶著微笑，準備為您祈福。後來知道我的生日恰巧是您的頭七，平日聰明伶俐的班長，馬上舉手說：「老師，我們可以幫您和趙老師開個慶生會嗎？您是『生』日快樂，趙老師則是『升』日快樂，我覺得他會在 2 月 15 日升上天，變成我們的守護天使。」於是，我們在您的頭七之日，為您開了一場「升」日派對。學生們一個個大聲朗讀對您的感謝與祝福，您，聽見了嗎？

其中一個小女孩的話，始終縈繞在我心頭：「親愛的趙老師，我好喜歡聽您說故事，我很捨不得您離開我們。我好難過，好想哭，但是我要為您忍住，我相信你會在天堂變成我們的小天使守護著我們⋯⋯」。您，聽見了吧！

謝謝您，親愛的趙鏡中老師，讓我有機會從 2007

年就開始參與國家教育研究院的 108 課綱研究。您第一次進我教室觀課的情景依然歷歷在目；那一天短短的三個小時接觸，水做的我，就哭了兩次。第一次的眼淚，是錯以為總是帶著溫柔語調說話的您，評課時也會如同您的為人般溫暖；然而，對教學極為專業的您，卻洋洋灑灑直接點出我十幾條缺失，一下子適應不了這樣的震撼教育，我哭了。

談完當日的教學後，為了舒緩我的情緒，以及了解我的教育背景與理念，我們開始閒聊。一發現您和我同樣都是輔大畢業的，馬上多了一份親切感；念哲學的您，開始跟我討論對生死的看法。沒有宗教信仰的您，說了一段敲打我心的話：「妳要接受生命到頭來終究是孤單一人的。」我不斷的重複問您：「沒有宗教信仰？難道不怕死亡嗎？」您慎重的搖了搖頭，停了一會兒，又輕輕的搖了搖頭。

「我怕！」於是我開始談起我的「分離焦慮」，邊哭邊說，您只是認真的聆聽我的恐懼，在精神上給予我最大的支持與陪伴。

記得每年暑假，您都會帶十幾個台灣老師到大陸幫老師們上課。 每次都是上千人的工作坊。每年您都邀請我跟大家一起去大陸講課，但我都拒絕， 因為我太害怕了，那時的我其實對自己沒有自信， 我像隻紙老

虎，總是裝出很有自信的樣子，但我知道內在是空的。

您常常看著我，覺得莫可奈何，最常對我說的話是：「妳這麼聰明、這麼會教書、表達能力這麼好，怎麼不去跟別人分享呢？」您還會說：「我們這一代跟妳們這一代真不一樣，我這一代總覺得自己對國家社會是有責任的。我們有義務要將好的教育理念傳承下去。」

我知道您對我的期待，也感謝您對我的欣賞，但當下的我真的沒有能力做到。

後來您不再勉強我，接受我還未做好準備，雖然我知道您心裡有遺憾。您知道我害怕，知道我沒有信心，只是不斷的鼓勵、支持我，給我許多欣賞。

您常常對我說：「老師不要是園丁，把每株樹苗都剪成自己想要的形狀，而應該是植物學家，去欣賞它的發展，必要時才動手調整一下，要能因勢而利導。」您希望我成為這樣的老師，也一直用這樣的信念帶領著我。您讓我知道我不需要勉強自己成為一棵參天大樹，只要順著自己的心，當路邊那一朵笑得最燦爛的小野花即可。

為了表達對您的尊敬與感激，每一次您到校觀課結束後，我總是會目送您離開。第一次目送您的那日，冬日的陽光竟然燦爛的足以融化白雲。您的步伐極大且

穩，步調堅定而緩慢，一手插在口袋，一邊吹著不成調的口哨。那樣的背影一派瀟灑，自在的像在幽林散步；後來，似乎發現我在目送您，於是邊走邊轉頭跟我揮手道別，笑容和那日的陽光一樣燦爛。

您是第一個欣賞我文字的人，每個月都會鼓勵我在您主編的刊物上發表。您走了，總覺得自己該做點什麼事情來回饋您的指導，於是開始在網路上與大家分享讀書心得。只因為您曾對我說：「有機會，試著把閱讀心得寫出來與人分享。」您還健在時，我來不及做這件事；但一切終究不算太遲。這一寫，就是四年多。您的走，讓我開始有機會大量練筆。

更重要的，是我無形中承襲了您的精神。我開始到許多學校演講，把您當年帶給我的教導，與其他老師們分享；不知為何，我不再害怕了，您的精神與力量，很自然的活在我的體內。

不知不覺，我從一朵小花，慢慢的成長為一棵開花的樹。

您走的那一年，我三十七歲，開始真正理解原來生命是會結束的。開始追尋生命的意義與價值，投入靈修的學習。

我想知道我是誰，我真正的面目是什麼，我是如何成為自己的。

沒想到，在成為自己的過程中，我也完成了我的書。十二年後，我不只完成了您對我的期待，更超越了您的期待，這是靈魂上的大升級吧～相信在天上的您，一定很為我開心。

　　因為您的離世，我開始走上成為自己的道路。

　　願我們都「升」日快樂。

我的 100 倍放大版

　　走在成為自己的路上，對原生家庭的探索，是上路的基本裝備。

　　父母是我之所以為我，最初的樣子。因為孩子們都是透過模仿最親愛的家人，來表達他們的愛。

　　從小，大家都說我長得像父親，但我希望自己像母親，因為母親是個漂亮的大眼妹。

　　我不只長得像父親，個性也頗像。父親是我的 100 倍放大版，100 倍熱情，100 倍健談。他是個說故事高手，我很享受聽他說故事。

　　有次我們的話題圍繞在太極，非常有趣。父親學過氣功，也常靜坐，但自他開始學太極後，發現靜坐加太極，動與靜的互補效果最好，特別跟我分享他觀察到的陰陽平衡概念。這得先從他的個人背景說起。

父親算是傳奇人物，在音響界稍有名氣。玩音響的人只要提到文聲的黃老闆，很多人都知道他。過去他曾經營一家音響工廠，退休後不甘寂寞，因不想成為社會的負擔，也忘不了他熱愛的「音樂與音響」，於是又開了一家個人工作室，在網路上教授如何花最少的錢，得到最大的音樂享受。

　　除了販售音響設備，還提供到府現場調音的服務。我曾經跟了幾次。

　　很多玩音響的人都喜歡買國外的高價位音響，但有一些喜歡換器材的網友，用了父親設計的音響之後，從此愛上，不再移情別戀。因為父親設計的擴大機喇叭有種特殊的魅力，有別於一般市面上的音響，匠氣且機械化。父親的擴大機，聲音最大的不同，在於空靈且深邃，不但有立體感，也有畫面感，像是一個生命在對你訴說動人的故事。

　　此外，他特別擅長幫客人調音。一般在音響店聽到的好聲音，買回家後不一定有同樣的聲音品質。因空間不同，共振效果就會不一樣。此時，父親總能幫客人化解困境。

　　他到了現場，可能先移動喇叭位置，找到最好的共鳴點。要不就稍移動家飾的擺設，或在某個地點放個小木塊之類的。說也奇怪，經他的巧手調過後，整個空間

產生的共鳴就完全不同，聲音自然從原本的沉悶呆板中，轉為悅耳開闊。

這也是他在某專門的音響討論區特別紅的原因。累積的點閱率已接近四百萬，被按讚的分數高達一萬多分，七十幾歲的他可是討論區裡的網紅。

他的奇人異事在裡面流傳著。常有很多粉絲問他是怎麼調音的，他通常笑笑的說「靠直覺感應」。他的作品相較於國外產品，價格公道，性價比高，而裡面的布局異常詭異。他說即使高段的音響設計師也會覺得莫名其妙，這與他跟我分享的平衡概念有關。

網友評他的音響聲音比一般音響來得更有勁道而不是力道，因為低頻聲像來自海洋的底層，緩慢爆發出渾厚的響音，具有強烈的穿透力與感染力。相較於一般的音響，力道如同爆竹，碰一聲後什麼都沒有。

若是拆開他設計的機器，通常人們都會很訝異。舉例來說，左右兩邊鎖螺絲的方式很不一樣。如果左邊的螺絲鎖緊，右邊就會讓螺絲是鬆的。他說這一鬆一緊，就是太極的一陰一陽。 如果兩邊都處於鎖緊的狀態，沒有了陰陽，等於是一個死的機器，死的聲音。所有的樂器，都必須適度的同步震動，才會悅耳動聽。

難怪他設計的音響播放出來的聲音，是如此栩栩如生，如此有畫面感。

同理可證，他的機器有時左邊配置三個螺絲，右邊則是二個螺絲。他的理由是 3 是奇數，2 是偶數，奇數就是陽，偶數就是陰，陰陽相配才會和諧運作。

其實在他還未學太極之前，並不懂陰陽的道理。只是有個直覺，兩邊的螺絲鬆緊度不能一樣，數量也不能一樣，如此聲音才會好聽。他喜歡做實驗，實驗證明他的直覺是對的。

等他學了太極，才終於明白自己當初設計的理念，完全符合宇宙的陰陽和諧真理。有溫暖的白天，就會有陰柔的夜晚。

這就好像坐翹翹板，如果兩邊坐了同樣體重的人，翹翹板就不動了，以為兩邊平衡了很好，其實呈現的是一個死亡不動的假平衡。如果兩邊都用一樣的螺絲數量，聲音就死了，悅耳感降低了，當然人類的感動細胞也會跟著減少。

反之，若翹翹板一邊較重，一邊較輕， 通常會開始搖晃，也就開始產生動能。所以當兩邊螺絲數量不同，看似不平衡的狀態，反而讓陰陽開始運作，整個狀態就會活了過來。

這就是生命力，這才是真正的陰陽平衡。

他的說法完全打破舊有的兩邊數量相同就是平衡的概念。我想這大概就是所謂動態平衡的道理吧！我對

於他的發現真是嘆為觀止，事實上我曾聽過他在現場調音，經過他的巧手，整個聲音品質的確完全不同。

年輕時，我著迷於祕密等吸引力法則的書籍，其實是深受父親的影響。他深信意念的重要；同時，他也把科學原理應用在調音上，像是有名的音叉效應。

在調音上，他有許多創新的做法，即使七十多歲，還是樂此不疲，全台走透透，結交許多志同道合的朋友，充滿工作熱情與生命力。

我問他什麼時候要真正的退休。他用了邱吉爾的一句名言來回答：「酒店打烊我就走人，當喜歡音樂的人不再需要我時，就自然退休。」

父親是一個三個中心運作和諧的成功案例。他的情感中心對於工作充滿熱情，並且能善用理智中心觀察、修正與調整，再用身體中心創造各種音響實驗。

我像父親一樣熱愛工作，甚至希望自己可以工作到死前一刻。我享受創造新的課程與教學教法。我深信是父親的身教，讓我擁有與他相同的特質。

我願持續活出創意與熱情，活出父親的珍貴特質。

第一個情人

母親，是我人生中的第一個情人。

有時親密，心靠得很近；有時刀光劍影，讓我想遠遠的躲開。

自從我決心好好的認識自己，探索自己後，我們又開始談戀愛了。

母親是靈魂品嘗生命的愛，最初的起點。

每次離別前，我總會當成是人生最後一次的相遇，緊緊的擁抱她。她會像個小女孩般害羞，還會用台語嘟囔著：「怎麼生出一個這麼三八的女兒呀～」

雖然嘴上這樣說，但她笑容裡的甜，怎麼都讓我忘不了。

因為學了薩提爾，開始能跟母親訴說許多內心話。

我們的對話除了閒聊，更多的時候，我會好奇她的

內在想法與感受。

最近的話題，繞著她的童年轉，我想知道她是怎麼長大的。

原來，她曾經上學騎腳踏車不專心，連人帶車掉到小河裡差點淹死。

最害怕的是牽著牛去吃草時，遇見別人家的牛。兩隻牛互鬥起來，場面真的很嚇人。

她說有一次小舅舅遇見兩隻牛要互鬥，天真的他竟然擋在兩隻牛中間，想要阻止衝突的場面。沒想到自家的牛，用牛角把小舅舅整個人甩到牆邊；他因此受傷了。最後路旁的大人趕緊幫忙把牛隻拉開。

大舅舅知道小舅舅受傷的事，非常的氣憤。心疼小舅舅的他，拿著棍子不斷毆打自家的牛，生氣牠這樣傷害小舅舅。受傷的小舅舅非但不生氣，還幫忙求情，哭著大喊：「別打了～別打了～牠是要保護我，怕我被別人家的牛弄受傷，要我靠邊站啊～」

大舅聽了，趕緊住手。母親在一旁看著，心疼小舅舅，也心疼那隻每天牽去餵草的牛。她同樣深信，牛是為了保護小舅舅，才不小心傷到他。

母親印象深刻的事，裡面藏了好多愛。

她是我見過最善良單純的人，這樣的特質，也展現在小舅舅與大舅舅的身上。

心，軟軟的，又暖暖的。

我的血液中流著母親的血，她是我生命的源頭。在成為自己的過程中，回到最初，我們生長的環境，從繼承的血脈，逐一探索自己的內在特質，這些都是我們在成長的過程中逐漸培養出來的。

當我活出美善的特質，也就活出整個家族的血脈。

生命，就是從第一個情人開始傳承的吧～

讓我牽起你的手
悠然走過
春
夏
秋
冬

寫給自己的一封情書

你見 或者不見我

我就在那裡

不悲不喜

你念 或者不念我

情就在那裡

不來不去

你愛 或者不愛我

愛就在那裡

不增不減

你跟 或者不跟我

我的手就在你手裡

不捨不棄

來我的懷裡

或者

讓我住進你的心間

默然 相愛

寂靜 歡喜

　　——〈班扎古魯白瑪的沉默〉

　　妳愛詩。一直以來妳都愛詩。是因為名字裡有個詩嗎？

　　第一次讀到這首詩，妳就毫不猶豫的愛了。

　　這首詩讓妳憶起席幕蓉的詩句，也讓妳憶起年少輕狂時，為那些美麗的詩留下的諸多嘆息。有一段時間，妳好擔心再也讀不到一首美麗的詩，會讓妳在心頭漾起一圈圈漣漪的小詩；妳好害怕再美麗的字句，也進不了妳因歲月刻蝕而日漸凋零的心。幸好，玲為妳帶來了這本書。她只是淡淡的對妳說：「我想，妳會喜歡這首詩。」而妳，卻不僅僅是喜歡而已。

　　有人懂妳，更加讓妳歡喜。

〈班扎古魯白瑪的沉默〉是藏族女詩人扎西拉姆．多多所寫。為了讀懂這首詩，對藏傳佛教一無所知的妳還上網查閱，才弄清楚「班扎古魯白瑪」就是藏傳佛教的蓮花生大師，據傳是觀世音菩薩在西藏的化身。一心虔誠向佛的她傾訴的對象並非愛人，其實更接近「自性」與「高我」，傳達出一種照見自性的深切渴望。妳，沒有任何宗教信仰，卻有相同的渴望。

　　《當你途經我的盛放》是多多的第一本詩文集，她以一個行者之姿，展開一段段追尋上師，追尋自我的心靈之旅。

　　而妳呢？妳也想獨自出走，從大山大水中找尋生命的答案。妳展開一次又一次的旅程，只是因為不肯接受生命的現狀，卻也不清楚生命應該去的方向。

　　妳相信多多說的，心，如果不是太堅硬，也許就能看到世界的其他面向。妳相信有一天，妳也能領悟一道光怎麼看待即將沒入土壤中的晨露，一個微笑，怎麼看待停留在臉頰上的淚珠。

　　妳試著把這本美麗的詩集帶在身上旅行，卻總是迷失在陌生城市的熱鬧裡。妳忘記詩，也找不到自己。

　　是夜吧？還是入夜前窗邊那抹帶灰的紅霞？不知為何，恍惚間，妳竟然隱約找到自己。那是某次結束旅程後的傍晚，妳一個人的傍晚。照例燃起薰衣草精油，

窩進家裡那張妳最愛的灰色大沙發中，然後拾起書。這一回妳不用掙扎，無須擔心這本書適不適合眼前的風景。沒有陌生的街景吸引妳，沒有太多新奇的事物打擾妳。妳彷彿找到串起珍珠般記憶的那條線，將妳遺落的美好，逐一，逐一，重新串起。

直到放棄尋找的野心，才有一種境界，終於被尋獲。多多說。

妳在最熟悉的事物中，赫然發現妳完整如初，從未遠離自己。

一直以來，妳與妳心中的自己，從未分離。

無須向外尋找。

妳，一直住在妳心裡。

在光中，
時間是願意等待的。
寧靜，
竟是一種最親密的對話。

03
與自己親密

你與自己親密嗎?

喜歡與人親密的感覺嗎?

想邀請你試著跟自己親密,把自己當成是最愛戀的情人。

晨起,與自己親密。

聆聽巴哈的大提琴無伴奏,這是我最愛的音樂。

泡一杯滋潤靈魂的英式奶茶,加了黑芝麻與車前子纖維,那是一種獨特的專屬於我的味道。英式奶茶有一種橙花香,加上淡淡的芝麻味。喝一口,細胞被暖意團團包圍,緊繃的背部瞬間鬆開,每個呼吸都更加深沉。

一邊聆聽大提琴的低語,一邊與音符親密,我像是枕在旋律上,做一個清閒的夢。 眼眶微微發熱,再多

一點，就會泌出眼淚。我知道這是跟自己親密會有的身體反應。秒針滴答的聲音，配著旋律，以及遠方若隱若現的鳥鳴，周遭是如此靜謐。

我的肉身，正一點一點的，滲入空氣中。

我與自己緊緊相融。

你與自己親密的方式是什麼呢？

你內在有個自己，正等著你與他親密。邀請你在生活中探索，發現各種與自己親密的可能性。

若渴望成為自己，先從與自己親密開始吧～

第二章

身體中心的覺察

「身體中心」包含「本能中心」與「運動中心」。「本能中心」又分四類，一是所有的生理機能，如消化、呼吸；二是單純的身體感受，如五感帶來的感受；三是因為身體帶來的愉快或不愉快的感受，像是放鬆感、疼痛感；四是反射作用，如各種感官引起的記憶，像是味道的記憶。「運動中心」包括了所有的外在運動行為，譬如說話、走路等。

對不起，
老師不應該這樣對你

　　開學第一天，我就低聲下氣的跟一個孩子道歉。

　　年輕時的我，堅持用我的方式愛孩子。但這樣用力的愛，究竟是堅持還是執著？

　　那一年，我接了一個特殊的孩子。孩子的母親有精神疾病，經常會在後校門口大吼大叫。不論何時何地，天雨天晴，永遠穿著厚重的雨衣，戴著安全帽，看不清楚她的臉。

　　聽說孩子每晚在家打電動，一星期只上幾天課，即使出席也是趴在桌上睡覺。一到四年級的老師都拿他沒辦法，不管怎麼樣都無法叫醒他，最後只能任由他不停的睡覺。

　　我是他五年級的導師，不願意讓孩子繼續維持這樣的狀態。我想改變他。

第一眼看到他，就愛上他了。

　　他比同年齡的孩子身形更為矮小，看起來像三年級的孩子。圓圓的眼，圓圓的臉，可愛極了。說起話來童言童語，天真無邪，感覺心智年齡只有低年級的孩子程度。

　　他讓我想起森林裡的小白兔。

　　一上數學課，他就開始睡覺。

　　我輕輕搖醒他，溫柔的請他去洗把臉再回來。他照做，回來後依舊趴著睡覺。我跟他說：「小兔，老師知道你累，但你一直睡，晚上就會睡不著，白天就會爬不起來，老師想幫你改過來，好嗎？」

　　他點點頭，振作了一會兒，沒想到聽課不到五分鐘，又趴下睡了。我又輕輕的搖醒他，請他去洗臉。不記得開學那天，這件事我究竟做了多少回，但我就是堅持要他醒著。到了下午，要讓他清醒就更加困難了。

　　最後只好跟他說：「小兔，要不然你站著，應該比較不想睡吧～」

　　他大概以為我想要他罰站，決定不理我，硬是趴著睡覺。我也火大了，於是硬拉他起身，硬要帶他去洗臉。他開始生氣，用力掙扎的甩開我的手，快速的衝出教室。

　　我沒想到他竟然一溜煙就跑走了，愛漂亮的我那天

還穿著一雙紅色高跟鞋，只好一路狼狽的跟在後面追。

　　眼看他跑得越來越遠，我完全追不上他，只好急著在走廊大喊：「小兔～對不起～老師不應該這樣拉你。你可以原諒老師嗎？」

　　道歉的聲音在走廊上迴盪不已，他似乎有點發楞，腳步瞬間慢了下來。他大概沒想到，我會跟他道歉吧～

　　我趕緊衝到他的面前，蹲了下來，手扶著他的肩膀跟他說：「老師不想跟你吵架，我喜歡你，我想幫助你，你跟我回教室好嗎？」

　　他看著我的眼神，確認我是帶著善意的，於是讓我牽起他的手走回教室。

　　放學時我跟他說：「小兔，我想謝謝你，謝謝你原諒我。今天你在學校沒有怎麼睡，我看見你很盡力的想要醒過來，心裡覺得很感動，我可以感覺到你的努力。今天晚上你一定很累，不要再打電動了，好好睡覺，明天我們好好學習，好嗎？」他認真的點點頭，似乎也對自己感到滿意，露出甜甜的笑容。

　　隔天，他的精神明顯比前一天好。雖然偶爾還會趴下，但我請他洗把臉，就能恢復精神。中午午睡時，我請他好好休息。過沒多久，我留意到他正在做一件極為詭異的事。

　　他的身體靠著桌緣，下巴撐著頭，最奇怪的是竟然

用兩隻手的食指和拇指，用力的撐開上下眼皮，導致眼珠凸出，像是一個惡狠狠的吊死鬼般瞪著前方。

我趕緊走到他的身邊，蹲下問他：「小兔，你怎麼了？眼睛不舒服嗎？怎麼用手這麼用力的撐開眼皮啊？需要老師幫忙嗎？」

他一臉無辜的跟我說：「老師，我好喜歡妳，我不想像昨天一樣跟妳吵架。如果我把眼皮用力撐開，就不會睡著了。因為只要中午一睡著，下午就會爬不起來，我們又會吵架。」

「我不想跟妳吵架……」這句話一直在我腦海裡打轉，我的心也告訴我同樣的話。

他說話的聲音越來越小，越來越小，似乎對自己感到很深的無力。

我聽得胸口微微發熱，淚珠在眼眶邊繞啊繞的，不斷的掙扎著。

我的愛，小兔收到了，他正用愛回報我，儘管他有那麼深的無力感。

我猜他對自己也感到莫可奈何，就像我對他的家庭。我輕輕摟著他，充滿歉意的跟他說：「你盡力就好，現在放心好好睡。如果下午睡著的話，我不會再用力拉你，我會溫柔的叫醒你。我會對你有耐心。」

他像是放下一顆懸盪很久的心，放鬆的睡了。

從那次之後，小兔在課堂睡覺的時間越來越短了。

　　年輕時的我並未意識到身體中心是三個中心中，最需要時間慢慢調整與適應的，特別是睡眠與飲食等穩定的生理作息，更是需要漫長的時間建立的習慣。

　　如果讓我重新再來一次，我會給自己和孩子更多的時間與空間，讓身體慢慢的適應與調整，讓生活作息逐步在穩定中回到常軌，也希望透由這個故事，讓更多的教師及家長，意識到身體中心對孩子成長的重要性，而不是把過多的注意力放在理智中心的發展。

　　一份善意，如果用粗暴的方式傳遞出去，愛的堅持也會變成一種執著了。因為愛，我願意道歉，願意讓步，願意調整自己，願意不斷釋出善意。於是身體中心帶來的影響，相對就變少了。

　　我是一個老師，也會犯錯，我接受這樣的自己。

　　但愛孩子的心，從來都沒有改變過。

　　這才是真正的我。

　　幸好，我會說對不起。

　　幸好，我總是給自己機會，去愛。

接納我所是，也接納我所不是。

愛我所是，也愛我所不是。

我是一條狗嗎？

　　身體中心對生命帶來的影響，一直被我忽略。一直要到認識三個中心之後，我才有意識。

　　我的身體有一種韻律與週期，情緒深受影響。我常常不得不承認葛吉夫說得對，我不過是一個機器；葛吉夫認為我們像機器一樣運作，並未真正的清醒。我的確受內分泌與荷爾蒙的影響非常巨大，而且不能控制我自己。

　　我有嚴重的「經前症候群」，那一週會特別情緒化，且很難控制。我會變得極度沮喪，常常會有一種厭世感，不懂自己為什麼活著，覺得活著沒意義。我會對所有我喜歡做的事失去熱情，整個人無力且懶洋洋的。

　　通常發現這個週期快來臨的，不會是我，而是老公。他會忽然說：「我想妳的那個快來了。」然後我就

會說：「不對啊！應該是什麼時候。」然後隔天就來了。老公可說是料事如神。他為什麼有像算命師一樣的本事？因為他比我更了解我的身體與情緒狀態。

他說我的情緒會有明顯的改變，一向樂觀開朗的我，會忽然變得悶悶不樂且無精打采，而且完全沒有任何徵兆或事由引發我的情緒，後來長期觀察的結果，發現是「經前症候群」。剛開始老公總是斬釘截鐵預告我的經期即將來臨，我總是不以為然，因為我的經期極為紊亂不固定。沒想到他的預測從未失手，只能說他花許多心力在我身上。

若剛好遇到一些事件，我會大量的哭泣流淚，失去耐性。有時候我甚至懷疑這是身體的反撲機制，不要我再勉強自己帶著美好的假面，強迫我真實的感受自己。

以前的我並未看見這些，很討厭自己的「經前症候群」。突如其來的情緒化常常讓我闖禍，我必須花更多力氣彌補我犯的錯誤。現在的我，就是坦然接受身體狀況。

一天當中，我也有固定的韻律與週期，生理一樣會影響到我的情緒。我不能餓，血糖一低，就容易發脾氣，開始變得沒有耐性，看什麼事都挑剔。這也是老公發現的。有時，他會忽然跟我說：「走，趕快帶我們家的小狗狗去吃飯。」我會回：「誰是你家狗狗啊？你那

麼急幹嘛？」然後等我開始挑剔他時，就忍不住笑了。我知道我餓了，而他總是比我先知道。

當我被這些激素搞得團團轉時，我不免想著：「難道我真是一條狗嗎？我跟一條狗有什麼差別？」我只是依照我的本能反應活著，無法控制生理激素所引發的情緒與行為。透過覺察之後，才意識到本能中心對我的生活造成的影響。

在覺察初期，我無法改變，還是會深受生理激素的影響，但我可以先改善我的外在條件。例如我感到肚子餓，血糖一降低，就趕快進食，並且盡量讓自己維持固定的用餐時間，自然不會餓到失去耐性，最後隨便找一件小事亂發脾氣。

現在，不用老公再緊張的跟我說：「走！我趕快帶妳去吃飯。」而是我已先意識到血糖偏低，然後甜甜的跟他說：「老公，快！我們去吃飯！」

漸漸的，隨著修煉的時間增長，覺察的能力越來越好，吃不吃飯與我的情緒就沒有那麼直接的關係。這是一個奇妙且自然而然的轉變；對於觀察到的現象，允許它們，不強行做任何改變。只是觀察、接受以及允許。

有時刻意改變時，內在會產生某種壓力，反而效果不彰。當我們進行觀察時，因為注意力本身就帶有愛的品質，能量自然會轉化，為我們的內在帶來一些生命的

變化。這樣的改變，就像四季的流轉，植物的生長，是自然且輕鬆不費力的。原本生理期極為混亂的我，竟然不知不覺就變得穩定且規律，如同我的情緒一樣。

身體與情緒真的是處於連動的狀態啊～

覺察帶來最大的好處，就是老公終於有好日子過了。

哈！我是人，不再是一條狗了。

覺察小知識

彼得・鄔斯賓斯基（P. D. Ouspensky）在《人可能進化的心理學》（*The Psychology of Man's Possible Evolution*）一書中，提到身體中心包含兩種中心，本能中心與運動中心。本能中心的運作，又包括四項不同種類的機能，之後會在這一章陸續介紹。第一類如下：

有機體的一切內在活動，包含所有的生理機能。食物的消化和吸收、呼吸、血液的迴圈、內部器官的一切活動、新細胞的組成、廢物的排除、內分泌腺的活動等等。

從我上面的例子，可以發現我的情緒深受我的本能中心影響，各種生理激素、內分泌、荷爾蒙等，都會影響到我的情緒，這都是本能中心在運作。

活得像個孩子

孩子的本能中心最強，你有多久，沒像孩子一般瘋狂玩樂了？

有天我和老公去河濱散步，忽然烏雲密布，河面開始泛起大大小小的漣漪，接著瞬間大雨。

這一年我的聽覺變得特別敏感，常常可以聽見以前聽不見的聲音。一開始雨滴落在河面上的聲音很美妙，很像某種樂器，淅淅沙沙、輕輕柔柔的彈奏著。接著聲響越來越大，取而代之的是咚咚咚，擊鼓似的旋律，在河面上跳動著。最後，暴雨豪放不羈的打在傘面上，簡直就是震耳欲聾。

我和老公開始小跑步，兩人合撐一把小傘，身體有一半在傘外。雨滴一開始輕柔的親吻肌膚，微微的騷癢感，接著開始肆無忌憚，濕答答的包住整個皮膚。

想起一個朋友說的故事。有一次，她帶三歲小兒子逛百貨公司，離開時發現外面正下著大雨，孩子竟然不顧媽媽的反對，直接衝出大樓玩水，還在地上打滾。她看得都快瘋了，只能撐著傘跟在後面大叫。

　　你有過在大雨下玩耍的經驗嗎？

　　我聽了朋友的故事，忽然好羨慕她的小兒子，可以這樣自在的享受生命帶來的種種奇妙感受。有多久，我們沒有這樣瘋狂的享受大雨了？長大了，似乎也代表我們失去某種瘋狂的能力了。我們失去玩水的能力，開始會想東想西。弄濕了怎麼辦？很麻煩哪～會不會感冒啊……

　　當我們的理智中心越來越發達時，越來越難體會身體中心當下帶來的各種快感。因此，我暗暗下定決心，下次遇見大雨時，我也想重溫孩提時代的瘋狂。

　　沒想到，機會就這樣來臨了。天啊！我有多久沒有這樣的感受了？我特別去感受雨滴與我肌膚的關係。以前只會把專注力放在衣服黏在身體上的不適感，現在我會把專注力放在雨滴與我肌膚的互動狀態。

　　雨滴滴在身體的各個部位，帶來不同的感受。有時頑皮的在肌膚上滑動著。時而纏綿，輕柔的包覆著，時而狂熱，重重的擊打著。

　　我忍不住笑了，而且開始瘋狂大笑。內在有一種說

不出的暢快，雨水彷彿帶走一些沉重感，那是一種成長後帶來的某些遺憾與失落。

究竟成長的過程中，我們獲得了些什麼？失去了些什麼？我們大量的使用頭腦，偏重與理智中心連結，卻忽略身體，無法像孩子般單純的感受身體帶來的喜悅。

對孩子來說，每一種感官經驗都是那麼獨一無二，留下深刻的感受，儘管他無法訴說，但從孩子最直接的情感表達上，我們就知道，他是如此的快樂。

也許我們失去的，只是孩童般天真快樂的能力。

當我活在當下時，所有的經驗變得更美妙、更動人，我開始活得像個孩子，開心的跟雨談戀愛。

身體中心包含運動中心及本能中心。本能中心的運作，第二類的機能如下：

所謂五種感覺：視覺、聽覺、嗅覺、味覺、觸覺，以及所有其他身體上的感覺，諸如重量感、速度感、溫度感、乾或濕的感覺等等。這些感覺本身並沒有愉快或不愉快可言，都是非常單純的身體感受。若這些感受同時帶有情感性，則歸類於第三類，在下一節會介紹。

從前述的例子中，我在雨天看見的景象、聽雨的旋律與節奏，以及體會雨打在我肌膚上，透過觸覺帶來的重量感、速度感、溫度感與乾濕的感受，可見我們的本能中心一直在運作，但是我們平常可能並未覺察到，也因此失去了許多當孩童的樂趣。

04

用愛掃描身體

什麼是活在當下？

要如何活在當下？

所謂活在當下，最根本的方法，就是關注自己的身體。因為頭腦會在過去與未來之間來回穿梭擺盪，不是進入記憶，就是計劃未來，從未處於當下。身體的感受則會一直處於當下，因為身體總是會帶來各種感覺。

如何覺察身體的狀態呢？

請單純的感受身體，不帶任何評判與情感。例如感受你的手掌，在不張開眼睛的狀態下，感覺整個手掌的存在狀態。先感覺整個手掌與空間的相對位置，在整個你所處的空間中，所占有的大小與範圍、手掌的輪廓及厚度，感受它帶來的體積以及重量感。

接著感受手掌的表層皮膚與手掌內部的狀態。可以感覺到周遭的溫度帶給你肌膚的感受嗎？是冰冰涼涼

的？還是濕濕熱熱的？手掌內部熱熱、麻麻、腫腫脹脹的感覺嗎？

如果沒有任何感覺，也沒有關係。請不要有任何評判，沒有感覺也是一種感覺。當你常做這樣的練習，慢慢的，會對身體更有感覺。整個覺察身體的過程中，不讓任何思緒干擾，也就是不進入思考或是情緒的狀態。例如不會忽然想著：手掌怎麼會這樣熱熱的呢？或者是怎麼都沒有感覺，我是不是太遲鈍了？然後感到灰心沮喪。像這類的內在語言與情緒都是不必要的。

用前述的方式，覺察全身的各個部位，想像自己的注意力是一台掃描機，從頭到尾進行掃描，這就是「身體掃描」的練習。

不論走路或坐捷運，也可以試著與身體進行連結，試著張開眼快速進行身體掃描。感覺身體各部分的位置、範圍、大小、體積和重量感。當然最完美的狀態，是好好的躺下或坐下來進行身體掃描。

再以頭部為例，閉眼感覺整個頭部此刻的存在狀

態。頭與空間的相對位置，在整個你所處的空間中，所占有的大小與範圍，頭部的輪廓及大小，感受它帶來的立體空間感以及重量感。

　　接著感受頭皮與臉部肌膚的狀態，前後、左右、上下，輪流感受不同部位的頭皮或肌膚，有什麼樣的感覺呢？有緊繃感、熱熱麻麻的感覺嗎？哪一區比較放鬆呢？接著感受頭的內部狀態。前後左右上下，頭的內部感覺都一樣嗎？有沒有哪一區跟其他部分不一樣的？那是什麼感覺？

　　我們可以像這樣子進行全身各區塊的掃描。從頭部開始，頸部、肩膀、雙手、胸部、腹部、背部、骨盆、雙腿等等。依據你的時間，可以做快板的，也可以做慢板的身體掃描。如果你願意，也可以創造出你專屬的身體掃描方式。

　　以下是某次我的身體掃描的觀察紀錄。

一開始感覺到呼吸很淺，全身肌肉是僵硬的。慢慢的，可以感覺到頭頂有一個熱能，不斷地旋轉著，然後頭皮發麻，呼吸的速度變慢了，而且可以感覺到背部的細胞都跟著呼吸，好像所有背部緊抓的力量都在瞬間放掉了。吐氣的時候，整個臀部大腿的肌肉是放鬆的，有一種下沉感。沒想到我竟然不知不覺就睡著了。我知道在做身體掃描時，如果睡著，那表示我的身體累積了太多疲憊，我決定讓自己好好休息。

　　做身體掃描最重要的就是不評判。不論舒不舒服，有沒有感覺，都請你放下對這個感受的任何評判。

　　給身體一份注意力，就是給身體一份愛。

恐懼的意義

　　那一陣子，只要看到老公打電話來，心跳就開始加快，呼吸急促，我知道是典型的恐懼帶來的本能反應。

　　生命不是只有幸福的時刻，也有許多困頓的時刻，但最後從這些掙扎中，好像也能看見幸福的微光。

　　我和婆婆很相愛，而相愛的程度，一直要到她肺腺癌第四期後我才發現，原來情感已經深到像對自己的母親一樣。

　　人總是快要失去時，才開始懂得珍惜。

　　我的朋友們有很多婆媳問題，每次聚在一起時，難免抱怨婆婆。我總是開玩笑說：「婆媳是天敵，關係不好是正常的。若關係正常，就要十分感恩是好緣分啊～」

　　我和婆婆曾住在一起二十年，倒也相安無事，偶爾摩擦，也都能坦然面對。

有一次，來電顯示老公打電話來，我甜甜的喊了一聲「喂」。

只聽見老公一反往常的溫柔，焦急的說：「我現在和媽媽坐在救護車上，她完全不能說話，右半身癱軟無力，我們正前往榮總。」

我跟著嚇壞了，覺察到內在湧起複雜的情緒。

掛了電話，我決定先安頓自己，才有力量照顧心愛的家人。

好多的焦慮、擔心與害怕在胸口流竄著，慌亂的範圍逐漸擴大。腦海中開始編寫各種可怕的情節。「如果……，怎麼辦？」隨著我編寫的劇情越來越誇張，心慌的程度越來越大。

我意識到理智中心正在嚇自己，腦海中編寫的小劇場，也許根本不會發生。

我立刻將注意力帶回到身體，持續觀察心慌帶來的體感，胸口空空蕩蕩的，非常不踏實，很不安穩，好像一個人在夜晚的深山裡迷路了。接著胸口一陣一陣的晃動感持續產生，胃緊縮，痙攣著，肩頸也僵硬著。

我知道這是本能中心的第三類感受，會為身體帶來愉快或不愉快的一切感受。相較於第二類的單純身體上的感受，第三類感受包含了情感的成分，我正在感受恐懼與害怕的情緒，為我的身體帶來不適感。

我將更多的注意力放在身體緊繃的部位，藉由呼氣，帶走內心與肌肉的緊張，讓恐懼的能量慢慢消退。

　　最後我告訴自己：「我欣賞自己，即使內心這麼害怕，我都希望自己可以安穩，可以為家人帶來安定的力量。我對家人有一份深愛。」

　　我就這樣靜坐了一會兒，呼吸漸漸平穩，沒多久好消息就傳來了。

　　一到醫院急救，婆婆馬上就恢復正常。老公掌握了急救的黃金三小時。愛說話的婆婆，最後仍然可以開心的與我們互動。

　　所有理智中心因為恐懼而編寫的劇情，沒有一個上演。沒有中風，沒有臥病在床，沒有淒涼的下半生。幸好我陷在理智中心的時間極短，很快的將自己帶回當下的體感。要不然能量都浪費在擔心與焦慮，實在是太不划算了。

　　但所有的恐懼都有後遺症。老公說他後來很怕接到婆婆的電話。

　　他說：「妳知道嗎？現在只要看到媽打電話來，我都要先深呼吸，感覺一下自己的狀態，過幾秒後才敢接電話。」那天婆婆「嗯嗯啊啊」無法表達的情景，至今仍讓老公餘悸猶存。

　　我完全能理解他的心情，還記得頭幾天，只要看到

老公打來的電話，當時的心慌感就會立即湧上心頭。以前的甜蜜感完全一掃而空。

看到電話產生的心慌感，已經進入本能中心的第四類，對某種感受帶來的記憶，這些反射作用不經思考，非常直覺的就能引發出身體反應。

如果情緒已轉成與恐懼有關的記憶，也就是變成本能中心的一種直覺性反射作用，我在覺知到恐懼之後就放下。我也沒有刻意做出改變，刻意讓老公的電話跟以前甜蜜的感受連結。我遵循自我觀察裡面的觀察原則，也就是不改變被觀察的對象。這個恐懼的情緒，以及之後轉為恐懼的記憶的過程，就只是單純的被我觀察著。

漸漸的，當我不再過度的給予這個恐懼的記憶注意力時，慢慢的看到電話就自然回到過去甜蜜的感受。

身體中心包含運動中心及本能中心。本能中心的運作，第三類的機能如下：

所有身體上的情感，會為身體帶來愉快或不愉快的一切感受。譬如不舒服的悶熱感、令人反胃的氣味，還有所有各種身體上的快感與舒適感，比方說，令人愉快的味道、氣味等等。相較於第二類的單純身體上的感受，這些感受雖然包含了情感的成分，但不屬於我們之後章節會談到的「情感中心」。上一篇文章提到的恐懼，夾帶著大量不舒服的心慌與胃的緊繃感，就屬於這一類。

幸福，一直在當下

　　我的頭半生，一直在做身體的功課。如果早一點學會覺察，也許這個功課很快就做完了。

　　有一次，在完全不知情的情況下被好友拍了一張照片，三年後才傳到我的手中。那時我正在不丹。

　　看著照片中的自己有點陌生，似有心事，看來楚楚可憐、我見猶憐的感覺；看著窗外，像是盼望著什麼。那是我生命中較為艱辛的歲月。

　　還記得肺腺癌開刀完，我的身體進入了人生最辛苦的三個月。不能順利呼吸，總覺得吸不到氣。永無止盡的咳嗽，無法躺著睡覺，一躺就咳。連吃東西都不能好好吃，一咳，所有的食物都吐了出來。

　　不能吃，不能睡，不能好好呼吸。我忽然意識到所有正常人能做的事，我什麼都做不了。

那時我常坐在窗邊，想著就這樣跳下去，就能結束身體的苦痛。

一向樂觀開朗的我，終於體會到久病厭世的感覺。

就在我絕望的快要放棄時，同事捎來一則訊息。她說她的兒子知道我生病了，主動為我念心經祈福。

回想起與孩子的那段因緣。他六年級時，經歷了一段比較辛苦的成長歷程，同事拜託我與他聊一聊。我只利用一個午休時間陪了他半小時。聆聽他，同理他，鼓勵他。

我帶他看見苦悶的生活中，自己一直沒有放棄，一直這麼努力，一直好認真的想要當一個更好的自己。

現在回想起來，每一個生命不都是如此嗎？

此後，在校園看見我，他總是露出燦爛的微笑，大聲的跟我問好。

就只有那半小時的因緣，我因為這份愛，沒有從高樓層的住家往下跳。

希望，總藏在絕望中。

感謝同事及時捎來的支持。我未再見過那個孩子，一直沒有告訴他，是他的心經，讓我走過那段辛苦的歲月。當然，還有很多很多的愛與支持，來自親朋好友，我這朵枯萎的小花，慢慢有了生氣。

2018 年的暑假我鼓起勇氣去不丹。肺腺癌開刀完

不滿一年，體力仍然不好，精神也不佳，但卻一心嚮往到不丹朝聖。當時不知自己的身體是否承受得了。

一到三千多公尺的不丹，呼吸就變得困難了。那是一趟聖地之旅；每天的行程就是爬山，目的是為了最後一天，直攻不丹最有名的虎穴寺。

我除了要忍受身體上的考驗之外，還要忍受心裡時常湧起的無力感。每天我都是最後一個上山的，幸好有摯愛的朋友們陪著我。當我上氣不接下氣，無法再多走一步時，小嫻、小麒和世龍會輪流幫我背包包。小嫻會在前面拉著我，小麒會在後面推著我走，大家拚命為我加油打氣。每天，我就這樣被半推半拉的爬上山。

被愛緊緊守護，始終沒有放棄。

爬山過程中，我也沒有放棄自己。

隨時覺察身體的各種狀態，進行身體掃描。觀察自己如何使用髖關節，以最小的力達到最大的效果。我還試著善用地心引力，讓身體往下沉的力量帶動肌肉的放鬆狀態。使用身體是需要智慧的，我嘗試觀察身體是否使用過多的氣力，是否持續的保持放鬆。放鬆，可以讓我的體力維持更久。

最後一天，終於順利攻上世界十大廟宇虎穴寺。是眾人的護持，是不斷的覺察身體，幫助我完成心願。

身體是有記憶的，對於不能好好呼吸，對於咳嗽，

這些痛楚的記憶始終殘留在身體裡。一旦胸悶咳嗽，我就很容易想起當時的自己，接著很容易感到無力。我沒有逃避這樣的記憶，我不想拋棄我自己。我會回到過去，緊緊的擁抱當時的自己；我知道過去的自己，需要我的支持與陪伴。

我能守護我自己。

回頭看照片中的自己，想對自己說：「親愛的，妳是這樣被深深的愛著，用手心細細的捧著，守護著。妳很幸福。」

這張遲來的照片，讓我看見幸福從來不在看不見的未來，不須苦苦盼望。

幸福，一直在當下。

身體中心包含運動中心及本能中心。本能中心的運作，第四類的機能如下：

所有的反射作用，甚至連最複雜的反射作用也包含在內，例如說笑、打哈欠，甚至是所有各種感官引起的記憶，例如味道的記憶、氣味的記憶、痛楚的記憶等，事實上這些都是內在的反射作用。這些反射作用不經思考，非常直覺的就能引發出身體反應。

我的身體對於開刀完後的痛苦反應，已經不單只是前一個故事裡的第三類本能反應，也就是不只是身體上帶來的疼痛不舒服反應，而是已經進入到第四類的反射作用，充滿了對痛苦的記憶，而且很容易被觸動及喚醒。

05
愛你的身體

你愛身體嗎？

你對身體滿意嗎？

我們似乎很難全然的滿意身體的狀態，總覺得某些地方贅肉太多、某些部位長得不好看、體力不好、精神不好、手眼不協調、動作不一致、姿勢不優雅……

我們對身體有好多抱怨。身體，一直專注在聆聽我們的內在語言。

想像身體是一個天真無邪的孩子，面對這麼多批評，他會如何？身體可能會覺得委屈、難過，他是這麼盡力的想要活著，想要活得好好的。

身體的每一個細胞，都這麼努力的工作，你看見了嗎？

　　對身體好一些，好好的欣賞他、愛他，好嗎？

　　如果注意力一直聚焦在對身體的不滿意，想要欣賞與感謝，是很困難的。現在，邀請你把注意力放在身體讓你滿意舒服的部位。此刻的你，能閱讀，表示你是健康的。

　　邀請你，對身體說一些心裡話。想像身體是你此生最好的朋友，或是最親密的家人，你會對他說什麼呢？

　　事實上，他的確是你此生最好的朋友，因為他是唯一一個會陪你走到生命最後的朋友。

找一個最舒服放鬆的姿勢，閉上眼睛，然後感覺此刻身體的狀態。想像此刻的你正在跟全身上下的每一個細胞連結，將一隻手的手掌放在胸前，讓內在升起一股感激之情。接著念出下面對身體的愛的宣言：

　　親愛的身體，感謝你。謝謝你始終對我不離不棄，每天二十四小時，從來沒有一刻停止工作。如此不間斷的愛，全世界只有你有能力給予。此生，再也沒有人可以給我這樣深厚的愛了。

　　想跟你說對不起。我常常忽略你，常常忘記你的存在，一直要到你對我大聲吶喊，透過各種不舒服的感受，我才意識到你。

我保證不會再忽略你，不會再遺棄你。我會時常關注你的狀態。當你不舒服時，我不會生你的氣，我會想盡辦法支持你、陪伴你，為你分憂解勞。

　　這是我對你的愛的承諾。

　　念完之後，感覺一下此刻身體的狀態，然後再一次感謝你的身體，感謝他一直不斷給予你無條件的愛。

為生命創造一個休止符

身體的動作與姿勢如何影響思考與情感？

我如何把身體帶給我的智慧運用到生活中，陪伴我穿越生命中的挑戰？

在「易學律動／神聖舞蹈」課中，對於三個中心彼此的聯繫、互動與交互作用，有更清楚的看見。我更嘗試把這些看見應用於生活中。

有一次跳〈俄羅斯聖誕節 Russia X'mas〉，老師特別要求我們專注在每一小節的第四拍，也就是全身直立的「立如松」動作，他要我們特別去感受這個直立動作帶來的「停」的狀態。

世儒老師說「停」這個字就是人在涼亭，傳統上涼亭總是蓋在風景最優美的地方，讓路人「停」下來休息並欣賞風景的所在。他要我們趁每小節「停止」的這一

拍，好好的感受身體維持直立的狀態，觀察自己三個中心的當下反應和運作。

神奇的是當我停止動作時，發現整個舞蹈的節奏變得不同。「停」的動作讓我更有意識，也有更充裕的時間為下一小節的第一拍預做準備。「立如松」的姿勢讓原本散亂的思緒與身心在瞬間收攝，立刻「歸於中心」，下一小節的第一拍的動作變得更乾淨俐落。我的動作、情感與頭腦的思緒，都變得更有節奏，一切清清楚楚、明明白白。

這個「立如松」的姿勢，是一個過渡的狀態。讓我們從原本的小節進入到一個新的小節。生活中像這樣，從一個階段到下一個階段的過渡狀態，常常被我們忽略，因而無法為新的階段做好準備。

這就好像新的一年即將來臨，我們是否能善用年終的時刻，好好回顧與反省舊的一年所有的發生，並為新的一年做好萬全的準備。

如果我要將這樣的狀態運用到生活中，那會是什麼？

這不是第一次老師要求我們專注在「立如松」的動作，過去每次關於「停」的教學，都讓我對於「知止」更加有意識。我特別喜歡大學的這段話：「知止而後有定，定而後能靜，靜而後能安，安而後能慮，慮而後能

得」。我還因此在生活中創造了一個「知止日」。

　　每週我會挑選一天作為我的「知止日」，這一天我不跟外界連結，不安排社交活動，只與自己連結，盡可能獨處，做喜歡的事。

　　安排「知止日」對我來說是困難的，因為我習慣在生活中排滿各種活動，我很享受各種學習及社交活動，再加上工作，行事曆常常一天會有四、五個行程等著我，所以我要更有意識的「知止」。隨時調整自己的生命狀態，讓生活更加有序。

　　你，有多久沒有為生命畫下一個休止符，陷在永無止盡的忙碌裡？

「身體中心」包含「運動中心」及「本能中心」。「運動中心」所掌管的是需要透過學習才會的動作，它的運作如下：

運動中心包括了所有的外在運動行為，譬如說話、走路、寫字、飲食以及對於這些運動的記憶。舉凡移動身體各部位的動作、行為與姿勢，都是這種運動機能在運作。

本能機能和運動機能之間的區別，非常容易。所有的本能機能，都是天生的能力，不需要透過學習就會有的自然反應或行為。反之，沒有一項運動機能是天生的，都必須透過後天的學習，才能夠良好使用運動機能。就像孩子學走路、寫字和畫畫，需要透過大量的時間練習，不斷的重複，讓動作能夠熟練自如。

睡前，就該賴一賴，
慵懶一下，待在詩裡。

調整眼神，
令我如花綻放

　　沒想到一鬆開眼部周圍的肌肉，我竟然直接體驗到量子物理學的奧祕。

　　那晚在「易學律動／神聖舞蹈」課中跳 circle dance 時，世儒老師希望我們的動作和團體的速度一致，盡可能用「葛吉夫眼神」（見附註）看見團體的每位夥伴。

　　世儒老師要我們大家圍成一個圓坐下開始跳舞。當我用這樣的眼神觀看時，自然所有的夥伴都會映入我的眼簾。當我試著把每一位夥伴放在心中時，可以感覺到整個場域更加和諧一致，內在有一種寧靜與喜悅升起。

　　第二次跳舞，老師請我們用最輕柔的眼神，看見全體的夥伴。當我把眼神放柔，才發現眼睛周圍的肌肉不自覺的鬆開，原來剛才用了那麼大的力氣在看，竟然完全不自知。忽然有一種醒悟，一直以來，我都用這麼大

的力氣觀看外在的世界，難怪會覺得辛苦耗神。

一鬆開眼睛周圍的力量，我發現原本集中在前額的注意力整個鬆開，本來有一股熱漲的能量，瞬間散開，平均分布到前額與後腦之間。那種感覺像是本來所有的粒子全部集中在前額，瞬間被攤平，往四面八方開展，整個頭腦瞬間有一種舒暢感與空靈感。

接著老師又下了新的指令，要我們加入微笑，但是外觀看不出微笑，嘴角並不上揚，而是一種笑意自內在升起。

當我心中帶著笑意，整個能量開始來到下顎，原本是以眼睛為高度的平面能量分布狀態，瞬間變成立體的，所有的粒子全部平均在整個大腦中。我可以深刻感覺到一個一個粒子排排站，前後左右距離均等，腦袋瞬間變得輕盈，有一種接近放空的感覺，頭的界線與外在世界的界線漸漸消融不見，我幾乎感覺不到我的頭。頭與外在的空氣合而為一。

這是佛法所謂空的境界嗎？

我意識到當頭腦中的粒子排列均等時，內在會產生一種和諧平衡的狀態，因為能量並不特別聚集在某一處，也不糾結在某一個區域，身體就會有一種輕盈感，似乎整個人都變空了。

有沒有可能，所謂的空性，是根基於一種物質處於

和諧與平衡的狀態中？

　　當粒子與粒子之間平均分布，沒有特別糾結聚集在某一處，注意力是平均分散的，此時內在會升起一種神聖莊嚴感。我可以感覺到我與夥伴們的速度幾乎一致，一股熱流自心升起，眼眶接著泛紅。整個人處於一種無法言喻的感動中。

　　這就是所謂合一的狀態嗎？

　　我問世儒老師，如何把頭部進入空的境界擴展到全身。老師說時機成熟時，自然會告訴我們。我決定自己探索。如果我想像全身的細胞都在微笑，那會如何？我享受與身體進行各種實驗與探索。這是世儒老師每次不肯直接告訴我答案，帶來的最大收穫。

　　第二堂我們跳的是 Old 21。我因為腰拉傷，所以單腳站立仍舊非常不穩。我試著讓全身的細胞進入微笑狀態時，發現笑的能量狀態，會有一種肌肉略微用力向外擴展，接著瞬間放掉力氣，進而非常放鬆的感覺。當整個身體進入全然放鬆的狀態時，我可以更安穩的站立。

　　當我想像全身的細胞都帶著笑時，腦海中忽然浮現佛陀拈花微笑的畫面。於是我想像全身的細胞都在微笑，而且像一朵朵花開，單純的享受存在與綻放。沒想到我的動作更細柔、更緩慢了。我把花的柔軟，美好的

笑意融進我的舞蹈動作中。

不知不覺，我成為一朵溫柔綻放的花。

什麼是「葛吉夫眼神」？

有一個比較具體的練習方法，就是把你的左右食指豎起來比一。接著雙手舉起平伸在眼前，讓你的眼睛可以同時看見左右手比出的一。接著慢慢的將你的手收回來，讓食指越來越靠近臉頰，一直到接近臉頰兩側。你似乎仍然可以用眼角的餘光看見食指。然後再把你的手放下。

此時的眼神就是所謂的「葛吉夫眼神」，也就是雙眼平視前方，沒有任何焦點，不聚焦在任何事物上，同時可以看到你的最左邊與最右邊的事物，也就是視線範圍相當於 180 度。這種眼神帶來的感覺，彷彿自己是一面鏡子，讓眼前所有的事物自然映入眼簾。

「易學律動／神聖舞蹈」最主要任務就是鍛鍊三個中心的覺知與整合。在課程中，我常會經驗到運動中心及本能中心的相互運作情形。這一次，光是調整眼神這樣細微的動作，就能讓我深刻體會到體內粒子的能量分布情形，進入一種內在和諧一致的狀態，那是一種最自然放鬆的生命韻律。

06

靈魂的節奏

你的生命，正以什麼樣的節奏進行？

一直在吸氣，不斷的填滿行事曆，追趕著永遠做不完的工作？

除了生理上的呼吸，還有靈魂的呼吸狀態，配合著生命的韻律與節奏。

可否停一下，感受靈魂呼吸的韻律。

我們常常拚命的吸，卻忘了好好的呼。

記得呼氣嗎？記得在一陣子忙碌的吸氣之後，讓自己有一些短暫的空白時間，好好的吐氣嗎？

聽一首喜愛的歌、看一段美麗的文字、幫植物澆澆水、抬頭看看藍天、發發呆……在忙碌的生活中，留一杯茶的時間給自己，就是最好的呼。

早上，我在白花花的陽光下靜坐，心進入一種滿足鬆軟的狀態。我把注意力放在呼吸上。

吸氣時，想像自己是一朵正在微笑的牽牛花。

吐氣時，想像傍晚的牽牛花，收縮花瓣休息的樣子。

吸氣時，跟自己說：我在盛開，我在微笑。

吐氣時，跟自己說：我在休息，我在放下。

然後一步一步簡化，最後變成吸氣時，盛開微笑；吐氣時，休息放下。

沒想到靜坐完隨手翻閱書籍，發現一行禪師曾經這樣教禪修。他教導呼吸練習，吸氣時默念「微笑」，吐氣時默念「釋放」。

身心最有趣的地方是當我們的頭腦這樣想時，身體就會有相應的生理反應。

　　體感上，在吸氣時，會有一種氣往上提，就像我們想要笑時，會有一股向上的動力，然後整個身體的細胞呈現向外打開的狀態。

　　每一次吸氣，身體狀態的確如同花開。

　　吐氣時，整個身體會有一種重力往下掉的感覺。因為所有的細胞都鬆開，並且放掉力氣。想像自己把所有的重量都交給臀部，臀部再交給坐墊或是地板。

在吐氣時，放掉所有緊抓的力量。我想，這就是所謂的交託與放下，把身體的力量，交給一個更大的承載物。

　　想像地球母親，一直用無條件的愛，承載著我們，支持著我們。

　　不知不覺，靜坐的時間就超過平常。微笑、盛開與放下，這是靜坐帶來的生活智慧。

　　在一呼一吸間，我沉浸在如花綻放的美好狀態。

第三章

情感中心的覺察

「情感中心」包含內在升起的各種情緒，與人互動連結時所觸發的各種感受，對事物的熱愛與追求，以及內在動機等。它的正面功能，是產生正向的情感，像是愛、感恩、欣賞等。情感中心連結內在生命力，透過情緒覺察，真實接納負面情緒，看見自己的完整性，有助於轉化並昇華為正向情感。

老師，妳會不會死掉？

孩子驚恐的大叫：「老師妳流那麼多血，會不會死掉？」我竟然忍不住哈哈大笑，這應該是我教學史上最荒謬的一齣戲吧～

那天上課板書時，小恬忽然衝上台，用外套遮住我的屁股。偷偷在我的耳邊說：「老師，妳的 MC 來了，褲子上面都是血。」

因為我有二十幾顆子宮肌瘤，常會有大量經血，據說有血崩的危險。

我趕緊到櫃子拿衛生棉，忽然瞥見座位上，早已滿是血。我下課時太專心的改作業，竟然完全沒發現。

以前的我，常忽略身體狀況，更常忘記呼吸，心中只有學生和教學工作。

我心想：「這麼尷尬的場面，該怎麼辦才好？」決

定先換好褲子再說。

等我回到教室時，發現十幾個學生圍著我的座位。有的拿抹布，有的拿衛生紙，正想盡辦法要把椅子上的血跡擦掉。

「用肥皂應該會快一點吧！」

「我再去拿濕抹布來擦。」

看著小女生與小男生們，手上沾著血，卻一點都不以為意，我忽然好想哭。一股熱流自心底竄起。

孩子們看我回到教室，又是一陣七嘴八舌：

「老師，妳怎麼樣了？好一點了嗎？」

「椅子還是濕的，先不要坐喔！」

「老師，等會妳先坐在這裡等椅子乾。」大塊頭小欣搬了另外一張椅子來。

我既感動又得意，這就是我教出來的孩子，每個都這麼貼心。

我趕緊要他們別再弄了，等一下我自己處理就好。孩子們竟然得意的說：「老師妳看，我們都擦得差不多了，幾乎沒有血跡了。」

一向聰明伶俐的小花笑著說：「老師，剛才小樹超級誇張的，竟然要把衣服脫下來吸血，都不怕衣服沾血！我們趕緊阻止他，我先用衛生棉吸血，然後再用抹布，這樣比較快。」

小樹害羞的抓抓頭說：「沾血的衣服也能穿啊！不過別人可能會被我嚇到吧！」

我忍不住大喊：「你們怎麼可以這麼貼心？真是太愛你們了。」

接著，我請孩子們坐好，開始上一堂特別的生命課，請他們分享剛才的心情。

「我被嚇到了，看到這麼多血，心裡很害怕，又很擔心老師的身體狀況。」小維說。

「我覺得大家一起幫老師清理血跡，很有成就感，沒想到血一點都不可怕。」小彤說。

「我坐在位置上不知該怎麼辦，想去幫忙，但是看到一大堆人擠在那裡，覺得這樣秩序會很亂，所以我只好繼續坐在位子上等老師。」小青說。

我也分享我的心情，從一開始的尷尬、慌亂，到後來的感動。感動他們每個人為我做的事，一個一個的道謝。對於少數幾個沒有起身幫忙的孩子，我一樣慎重道謝。我認真的說：「好好的坐在座位上守秩序，對老師來說的確是很重要的一種協助。」

每個孩子的心意，我都慎重的放在心上。

接著，我拿出一瓶礦泉水及一片衛生棉，然後慢慢把水倒在衛生棉上。衛生棉吸飽水之後，水不斷溢出，最後流得地上到處都是。

孩子們緊張的大喊：「老師，妳在幹什麼？地上都是水。」

我說：「這就是我目前的身體狀況。這些水就像我的血。」

孩子們擔心的問：「老師，妳的血流得這麼多，會不會有生命的危險？」

我跟孩子們保證目前精神狀況都還好，並且解釋什麼是月經，以及月經的影響。

最後，我語重心長的說：「老師想請你們多多體諒母親的心情，有時候母親忽然心情不好，真的不是她們願意的。男生們，如果以後長大了，要多多疼惜你的太太。如果太太臨時有需要，一定要勇敢的幫她買衛生棉。」我想起曾有一個朋友，因為老公不肯幫她買衛生棉而吵架。班上的小男生都大聲的回我說沒問題。

沒想到原本尷尬的場面，最後會在孩子們的貼心與關懷下愉快的收場。

我想我的學生之所以貼心，可能和情感中心的運作有關。我喜歡跟他們分享所有喜怒哀樂，讓他們實際參與我的生活。我像是一本攤開的書，說到感動處，就哇哇大哭；說到有趣的地方，就哈哈大笑。我很享受情感的流動，孩子們自然也能夠展現他們的喜怒哀樂。

我欣賞與感謝每個孩子對他人的貢獻，只要他們有

任何貼心的行為，我都會大聲的說出我的欣賞，同時鼓勵孩子們互相欣賞。於是班上自然呈現的氛圍，是大量的正向情感；不論是欣賞、感謝、體貼、溫暖、熱情……這些正向的情感總是隨處可見。

　　愛與溫暖，就像我的經血，從每個人的心中滿溢出來。

轉化痛苦

《記得自己》（*Self-Remembering*）是葛吉夫的學生鄔斯賓斯基的著作，闡述第四道傳統精神。書中提到負面情緒是指一切激烈和消沉的情感：自憐、憤怒、猜疑、恐懼、煩惱、厭倦、忌妒等。

負面情緒本身就是一種過度認同的狀態，當負面情緒產生時，如果我們只是以第三者去觀察情緒在身體裡面的能量流動，這個能量很快就會散去，但如果我們認同它，並且選擇用激烈的行為表達出來時，它就會消耗我們更多的注意力，甚至可能讓我們對這樣的情緒上癮，所以有些人會習慣性的憤怒，無法控制。

有些人則是習慣性的悲傷，覺得自己是悲劇的女主角，而沉溺於這樣的狀態，像這些都是有毒的情感。

如何轉化痛苦？也就是把負面情緒轉化為正面情感，所謂正面情感，就是帶著很多理解的情感，是非常高等的情感能量。

就如同前述的故事，原本的教室因為血跡，充滿了緊張、焦慮、擔心、不知所措、尷尬等情緒，但後來在孩子們的貼心舉動下，轉化為欣賞、感謝等正面情感。

看見內心最美的那道光，
持續看見，一直看見。

07
欣賞發光的自己與他人

什麼時候，你最喜歡自己？

你知道這是你最愛自己的樣子。

那時的你在做什麼？

和誰在一起？

發生了什麼，你會喜歡這樣的自己？

我最喜歡的自己，是在給予他人愛及欣賞的時刻。我有一個天賦，就是可以看見每個人發光的地方。

在我眼中，每個人都閃閃發光，以他獨特的方式。

我非常喜愛情人節，對我來說，每個孩子都像我的情人。一到情人節，我會為每個孩子準備一顆金莎巧克力，請他來到我面前；我會慎重的把巧克力放在他的手心，然後告訴他我最愛他的哪些特質。

許多沒有自信的孩子，在那一刻，眼中都會泛起感動的漣漪。

一雙雙被課業壓得黯淡的眼，瞬間閃著金光。

我眼中的欣賞之光，點燃他們心中的生命之火。

我是如此愛這樣的自己。

你能夠自然的欣賞每一個人嗎？

看見每一個人發光的地方嗎？

有些夥伴很害羞，看見他人的亮點，卻不好意思表達。我為這樣的時刻感到惋惜。

愛如果沒說出來，欣賞如果沒有被傳遞，光就在黑暗中消失了。

每個靈魂不是時時刻刻都散發出光芒的，就像每個人，不一定時時刻刻，都處於自己最愛的樣子。

給自己一個愛的小練習好嗎？每天睡前欣賞一下今天的自己。

邀請你，下次看見他人的光，也勇敢的表達欣賞，好嗎？

仔細端詳情緒的每張臉

　　年輕時的我，習慣將注意力聚焦在正向的情感，像是欣賞與感恩，但對於負面的情緒，我始終保持一定的距離。

　　有好長一段時間，我在練習覺察情緒，但平靜還是離我很遠，我有一種卡關的感覺。我與情緒的關係，始終隔著一層薄紗。

　　一直到李崇建老師的提點，我才揭開情緒的面紗。

　　那是我上他的薩提爾工作坊的第一天。我請他在新書上題字。他問我：「這些日子過得好嗎？」他的眼神與語氣十分真誠，並不是隨意寒暄。我感覺到那句話直接觸碰到靈魂的核心。

　　以往的我，當別人這樣問時，我都會假裝自己很好；但那時候的我其實不太好。剛接教育局的專案教師

工作一年，到二十幾所學校幫老師做教學與心理輔導。我求好心切，總是用盡 100% 的氣力，每天大量的與人連結，常常有一種能量耗盡、生命快被榨乾的感覺，我似乎在掏空自己，好像重複肺腺癌之前的能量狀態。

我真實的說出自己的狀態，回應老師的真誠關心。

我看著他的眼神轉為擔憂，很慎重的跟我說：「妳知道妳之前的身體狀態，我很關心妳，希望妳好好的照顧自己，多一點時間陪伴自己。」不知為何，蹲在他面前的我，有一種見到自己前世上師的感覺，靈魂有一種很深的觸動。

接著，上師開示了。

他邊示範邊說：「怎麼陪伴自己？來，妳試著用食指的指尖觸碰手臂，像這樣。」

他接著說：「不進入頭腦的分析，專注的感受指尖在手臂上移動時的感受，以及當下的肌膚狀態。若想回到當下，試著用這樣的方式觸碰自己的肌膚。」

他帶領我回到單純的身體感受，這其實是當時的我非常不擅長的。我總是用頭腦去想身體的感受，而不是直接感受身體。過去的我，常忽略我的身體中心，與我的身體中心距離遙遠。

他說：「面對情緒也是如此，單純的感受情緒，一有情緒就停頓在當下並感受，回到情緒在身體的狀態，

不進入情緒的事件。因為一進入事件，頭腦就介入了，開始編寫與情緒有關的故事情節。那就不是真正的陪伴情緒。」

在崇建老師的引導下，我找到問題的癥結。問題出在我雖然覺察情緒，但我陪伴情緒的時間過短，而且很快的就跳到頭腦的分析。也就是說，我跟情感中心一起運作的時間太短，很快的理智中心就開始介入。

他一再提醒我：「每次在感受情緒時，若隱約覺察到頭腦的分析，就用指尖觸碰手臂的肌膚，將自己帶回到當下身體的感受。」

在他的課程中，還指導了六 A 的情緒覺察步驟（下一節「幸福覺察小練習」的內容），因為他的教導，我能更真切的靠近情緒，真實的接納情緒，與情緒同在。我發現他的教導，跟我在「易學律動／神聖舞蹈」課程裡的三個中心的學習，本質上是一樣的。

在崇建老師的提點後，我開始專注的練習，100%的與情緒在一起，不再急著逃開，而是真實的感受。當我全心全意的觸碰情緒，瞬間了解到過去所有的情緒陪伴，都只是敷衍。我只是想要趕快覺察情緒，藉此讓情緒離開，逃離這種不舒服的狀態。如果覺察情緒，是為了不要有情緒，那麼情緒的能量，反而會一直滯留在體內不會散去。

原來過去的我根本打從心底不接受我的情緒。

只要稍有情緒，我會停頓一兩秒感受，然後就繼續原本做的事或者轉移到理智中心，開始想要解決問題。當我不再逃離情緒時，我甚至能仔細的覺察悲傷觸發眼淚的過程，體會每一顆淚珠滑落臉龐時的慢動作，感受淚水帶給肌膚的濕潤感與冰涼感。

我全然的沉浸在我的情緒中。

原來 90% 的陪伴與 100% 的陪伴，是有差異的。全心全意的陪伴，才是真正的接納，情緒帶來的能量，才能自由的流動。

仔細端詳情緒的每一張臉，雙手捧著這些動人的情緒，溫柔的呵護。全然感受情感帶來的溫柔力量。

08
六 A 的情緒覺察

怎麼陪伴情緒？

有一次演講時，發現 PPT 有錯字。我的第一個念頭是：「天啊～妳是小學老師，怎麼可以有錯字？」當下看到自己的念頭浮起，看見它，然後放下。

沒想到隔天早晨靜心時，腦海中忽然又想起這件事，身體有一些反應。我想可能有些被我壓抑的情緒，想要被看見與釋放，於是在靜心中做了一遍六 A。

什麼是六 A ？

六 A 是李崇建老師發展的情緒覺察六步驟。

以前面的事件為例，我感覺到自我譴責的當下，心中有一股情緒升起，那是小時候的我，被媽媽責備時的心情。原來，我的心裡有委屈，想要被看見。

我是這樣進行六 A 的，在心裡說出這六句話時，每一步驟都停頓幾秒，然後深刻感受：

第一個 A——感受（aware）：我感到委屈。

然後停一下，感受一下委屈在身體的哪裡。原來在胸口，感覺悶悶的，酸酸的，刺刺扎扎的。

第二個 A——承認（acknowledge）：我承認我委屈。

我一承認內在有委屈，鼻頭馬上就酸了，有一股想哭的衝動。

第三個 A——允許（allow）：我允許我委屈。

當我允許自己感覺委屈時，內在有一股悲傷同時升起，兩種情緒在胸口不斷的擴展蔓延，感覺很像是兩股氣流交纏著。

第四個 A——接受（accept）：我接受我委屈。

委屈與悲傷在胸口更加擴大，不斷向外流動，最後這兩股氣向身體的兩旁散開。我感到輕鬆自在，不自覺得泛起微笑。

第五個 A——行動（action）：用行動轉化。

我在微笑中，做了幾個深呼吸進行轉化，讓身體更加放鬆，用實際的行動給自己一份愛。

第六個 A——欣賞（appreciate）：我欣賞自己。

我欣賞自己，總是認真的想要做好教學工作。

上面是我體驗六 A 的歷程，前後不到三分鐘。有些情緒其實極微小，只需要告訴自己我接受，然後感覺身體是如何接受的，情緒就會自然散開。如果情緒糾結的狀況很明顯，身體一直有不適感，可能是心裡未能真正接納。此時，我會告訴自己：「我接受此刻我還沒有辦法接納委屈。」

感受情緒時，請放下腦中的小劇場，避免陷入受害者心態。一進入跟事件有關的思考，就是在使用理智中心，此時要立即將注意力全部放回「體感」，也就是情緒為身體帶來什麼樣的感受。

邀請你，試著用六 A 的步驟，真實的覺察情緒。

不改變觀察物件

《觀察自己》（*Self Observation: The Awakening of Conscience*〔*An Owner's Manual*〕）是一本介紹第四道靈性大師葛吉夫入門的書籍。裡面提到觀察的四個基本原則；其中一個原則是不改變觀察物件。

這裡的觀察物件也就是我們的三個中心所表現出來的自己。如果我們強行改變自己觀察到的行為，那表示我們陷入了評判者，而不是單純的觀察者。這意味著我們無法接受自己，對自己的行為是抗拒排斥的，於是我們把能量都消耗在評判，而不是覺察，陷入本末倒置的狀態。

比較好的運作狀態，是單純的覺察，成為一個客觀的觀察者。對於觀察到的現象，允許它們，不強行做任何改變。

當我們進行觀察時，因為注意力本身就帶有愛的品質，自然會轉化，為我們的內在，帶來一些生命的變化。

前述的六 A 的情緒覺察，是同樣的道理，重點在於接納。

被遺棄的靈魂吶喊聲

如何看見情緒，聽見身體最真實的感受？

她因為被遺棄的感覺常常糾纏自己，於是來上一對一覺察課。

「許多小事都會觸發這種感受。」她說。

她一直未有一段長久穩定的關係，只要對方已讀不回、回覆過於簡短、邀約被拒等，都會讓她陷入自憐，感到被遺棄。

她不懂，這樣的情緒怎麼來的。有時會陷入內在的小劇場，猜想對方是否不開心，自己是否做錯什麼。她的覺察能力很好，沒有忽略這些細微的感受。

她對這樣的狀態感到好奇與困惑。

第一次上課，我們探索了童年的冰山，那時她面對父母必須長時間的出國，深刻的感受到被拋棄。

第二次上課，我帶她從身體入手，探索這些情緒還有什麼話想說。

　　身體，一直是觸碰情緒最好的探索入徑。

　　我問：「妳現在的身體有什麼感覺？」

　　她說：「我覺得腹部脹脹的，胃不太舒服。我有點自責，還有一點罪惡感；因為前幾天亂吃東西。我平常是一個很自律的人。」

　　我問她：「此刻的身體感覺，讓妳想起什麼？」

　　她說：「我腦海中立即浮現的，是一個很嚴厲的自己。看起來非常的嚴肅，表情透露著許多的不滿。她會一直跟我說，我荒廢了一生。」

　　我問：「這個嚴厲的聲音，是來自於父母嗎？」

　　她說：「不是，父母對我沒有特別的要求，一直都是我對自己有要求。」

　　「這個嚴厲的自己，想要什麼呢？」我問。

　　「希望可以控制好一切，才會感到安心。」她答。

　　「所以嚴厲的自己，之所以存在，是為了讓自己有安全感，是嗎？」她聽完我的問題後點點頭。

　　「此刻，身體還有什麼感覺呢？」我再次把她帶回到當下。

　　「我感覺到喉嚨卡卡的，好像有個什麼東西在那裡。」她答。

「仔細感受並觀察這個卡住的狀態。」我接著說。

「卡住的小東西，很像一個核桃般堅硬，很頑固的卡在那裡，吞嚥變得不太順暢。」她說。

我問：「對於這樣的狀態，妳覺得如何？」

她說：「我不喜歡被卡住的感覺，不能接受自己這樣不上不下。」

哽著，無法前進，動彈不得。我們的生命，總會有這樣的時刻，沒有一個人喜歡，總會想用力推開它。

但，就像是雙手被一條繩子緊緊捆住般，越是掙扎，越是痛苦。

通常我們將注意力放在身體比較不舒服的地方，能量就會開始緩慢的流動或改變，不適的狀態也會有些微的變化。

「好，持續感受這種不舒服的狀態。」我邀請她繼續覺察

「我覺得這顆核桃十分頑固，堅持不肯離開。」她覺察了幾分鐘後回答我。

「想像自己進入核桃裡面，看看會發生什麼。」既然核桃的狀態並沒有改變，我決定帶她更仔細的探索核桃這股能量。

「我發現裡面空空的，什麼都沒有。」她一進到核桃裡面，就訝異的說著。

「現在的身體感覺如何？」我再把她帶回當下。

「我覺得好有趣喔～身體忽然變得好放鬆，好舒服，所有的緊繃感以及卡住的感覺瞬間消失。」

我問：「此刻的身體狀態，會讓妳想起什麼？」

她說：「我看見一個耍廢的自己。渴望放鬆，想要發懶，亂吃零食，沒有紀律。但是這個耍廢的自己知道還有一個嚴厲的自己，並不允許我有這樣的狀態。」

在我不斷探索下，她看見自己並未荒廢一生，而是完成許多有意義的事。真正讓她耗能的，是兩個自己常常打架。一個是嚴厲的自己，住在胃裡；另外一個是想放鬆的自己，住在喉嚨。但放鬆的自己，一直不敢對嚴厲的自己說出真實的需求。

我問：「這兩個自己存在的目的是什麼？」

她說：「一個是幫助我有紀律，朝著目標前進。另一個是讓我能適時的放鬆，享受當下美好的生活。」

我問：「現在可以做些什麼，讓這兩個自己都感到舒服呢？」

她說：「我希望這兩個自己可以互相合作，彼此幫助，而不是一直處於戰爭的狀態。我不忍心看著她們一直打架。」她顫抖著聲音，緩慢的訴說著。

「當妳說完話之後，此刻有什麼感覺？」我感覺到她有些情緒需要被看見及釋放。

「心好痛喔～覺得好心疼自己，這麼辛苦的掙扎著。一直這麼的努力，都不敢休息。只要一放鬆，內在就有一個自責的聲音。一直要求自己要活得好，不可以有一絲一毫的鬆懈，真的好辛苦。我不想再這樣對待自己了。」她一直是一個生命的鬥士，強忍的淚水終於在此刻勇敢的滑落下來。

有沒有可能，面對內心的脆弱與掙扎，也是另一種勇敢？甚至是真勇敢？

我邀請她把真正的需求，分別告訴這兩個自己，說出她的期待。

對我來說，這是一個自我和解與自我原諒的過程。

我請她分別邀請嚴厲與放鬆的自己來到面前，說出自己的心聲與渴望被對待的方式，同時也了解她們存在的意義與價值。她發現這兩個自己，其實都深愛著她。一個給予紀律，像是理智中心不斷說理，建立規範。另外一個是給予放鬆，像是身體中心的本能運作，累了就休息。

她用情感中心訴說的一段話，特別觸碰我：「對不起，我一直沒有看見妳，好好欣賞妳。我對妳好嚴苛。妳很熱情，投注許多心力在社團，舉辦了很多有意義的活動，並沒有荒廢人生。」她邊說邊哽咽著。

我看見她的情感中心，正在理解嚴厲的理智中心，

與渴望放鬆的身體中心，試著彼此接納，最後三個中心漸漸合而為一。 最後嚴厲的自己與放鬆的自己協調出彼此可以接受的方法，並且真正落實到生活與工作中。此時，她們開始成為戰友而非敵人。

一個被遺棄的情緒，像魂魄般的糾纏，真正的目的是什麼？

情緒，一直是靈魂吶喊的一個管道，身體的感受也是。靈魂想透過情感與身體的各種感受，傳達內心真正想說的話。

孤獨與被遺棄感，其實來自於內在的某一些部分不被自己理解與接納。感受只是一把鑰匙，帶我們探索內在世界，打開自我接納的大門。

你，總是推開情緒嗎？

從來沒有人遺棄我們。

真正遺棄我們的，始終是自己。

不評判

《觀察自己》提到觀察的四個基本原則，另一個原則是不評判。

我不對自己觀察到的內在現象產生批評，只是如實的接受。因為頭腦會像一個評判者，分辨是非對錯好壞，並且對於自己下的標籤產生認同。對於認定是壞的人事物，就產生一種討厭、抗拒或是想要逃避的情緒狀態。這就是所謂的「理智情感複合系統」（見 P162 幸福覺察小練習／讓情感流動），這樣的運作狀態是耗能的，會讓我們的內在常常陷入無謂的掙扎與痛苦中。

隨著越來越多的覺察，若加入了評判，有可能反而陷入自我厭惡的過程，因為一直看到自己未達到理想中的我的狀態。自我覺察既然是根基於愛，我們可以更接納當下的自己。

內心的征戰
用一抹藍看清
按下暫停鍵
縮短火藥蔓延的停滯時光

09
領回被遺棄的自己

你曾遺棄過自己嗎？

生命中有沒有某些時刻，你並不想要再回想起？

你不願意想起那時候的自己。那是你最討厭的自己，心底產生一種根深柢固的厭惡感。你只想要離那時候的自己遠遠的，越遠越好。

你逃離了自己。

那時的你發生了什麼事？和誰在一起？你是如何遺棄自己的？

你生自己的氣，充滿自責，對自己不滿意。

那是你對自己的背叛，逃離了自己，背棄了自己。

這個自己被你關在幽冥的地牢裡，等著你釋放，等著你解救。

這個你孤獨絕望著，沒有人能理解他。

只有你，你是這個世界唯一能理解他的人。

他一直在等待著你。

你感受到他強烈的呼喚了嗎？

想像他就站在你的眼前，正痛苦著。

你想對他說什麼？

可以真誠的對他訴說你的生氣與厭惡，無法接受他的哪些行為。

可以告訴他，你懂他的難受，他的委屈。

可以安慰他，讓他知道生命過了那個階段之後，你其實活得更好。

可以心疼他，撫慰他，擁抱他，接納他。

如果還無法靠近，那就給予祝福。你知道自己會走過來，成為現在的你。

這一次，你不再選擇背離他。

你終於轉過身，好好的看著他。

領回被遺棄的自己。

我想念我自己

　　轉過身，我看見過去的自己，隱隱發光。

　　每個月的鑽石途徑課程，總是不斷衝擊我的靈魂。

　　有一次上課，小賢與幼丁老師的一段對話讓我特別感動。小賢提到在現實生活中，總是沒有行動力。他是一個理智中心為主的人，做什麼事都要思慮很久，最後情感中心的熱情與動機，都被理智中心消磨光了。

　　幼丁老師在陪他談話的過程中，一直希望能激發小賢內在的生命力與熱情，但他卻一直不斷的進入邏輯推理與分析。為了激發他的情感中心，幼丁老師請他說一句話：「我就是要擁有滿滿的活力與熱情，我值得被愛。」

　　當小賢說出這句話時，像機器人在複述。

　　幼丁老師說：「你在說這句話的時候，我感覺不到

一點點情感。你可以試著放更多的情感，再說一次嗎？」

於是小賢又說了一次，還是像機器人一樣僵硬。

幼丁老師說：「沒有情感，再來一遍。」

於是小賢又說了一次，聲音稍微有一點情感。

幼丁老師還是不滿意：「不行，感覺不到情感，再來一遍。」

當小賢說到第四次時，我的心微微被觸動，感覺到他的渴望。這是我第一次覺得他沒有用頭腦說話，能夠把理智中心轉換到情感中心。

我以為幼丁老師會放過他。

幼丁老師又說：「沒有感情，還是在用頭腦，再來一次」。

小賢再說了一次，聲音微微的顫抖著。

我心裡想：「老師，可以放過他嗎？不要再逼他了吧！他已經這麼認真的想要練習用情感說話了。他就不是情感中心的人，這樣逼他有用嗎？」

結果老師還是不滿意，小賢又試了三、四回合，幼丁老師持續不斷的要求他。

幼丁老師接著示範並大吼：「我就是要擁有滿滿的活力……」那種強烈的激情與生命力，不斷的震撼我們。一個人的情感中心，竟可以如此的豐沛有力。

這就是靈魂底層，最強烈的情感，所激發的強大生命力嗎？

老師說：「我要你瘋狂，用瘋狂的聲音觸動我。我要你手舞足蹈，表達出你內心真正的渴望。我要你釋放最原始的激情，那種野獸般的狂野精神。」

當我看著幼丁老師不斷的要求小賢，而小賢始終沒有放棄時，我的眼淚開始叮叮咚咚，淚如雨下。

我不懂，幼丁老師怎麼可以這麼堅持？

我不懂，小賢為什麼沒有放棄？

我不懂，生命怎麼能夠這樣，一而再再而三的面對挫折與挑戰？

這對學生及老師來說，都是一種挑戰啊～

就這樣，小賢大概講了十多遍吧！

「我就是要擁有滿滿的活力與熱情，我值得被愛。」第一次看見斯文的小賢像野獸般的嘶吼，幾乎進入歇斯底里的狀態。

沒想到他真的開始有了強烈的激情及飽滿的生命力，內在燃起熊熊火焰。

我看見一個好老師的堅持，對於一個靈魂該走向何處的堅持。我欣賞幼丁老師的勇敢，忍不住問：「老師不怕把學生逼瘋嗎？不怕學生生氣嗎？」

幼丁老師語重心長的說：「我是經過判斷的，一個

理智中心的人很難被逼瘋。我寧可學生恨我，也不要一個愛我，卻無法真實面對內在渴望的學生。」

那天小賢的分享讓我流淚。

我問自己，眼淚想說什麼？

我發現我好想念年輕的自己，年輕的我，就是擁有一個瘋狂的靈魂。我愛，不顧一切的去愛。即使當初肺腺癌決定延後開刀，甚至可能危及生命，我仍舊想要給孩子們滿滿的愛。

我熱情，奮不顧身，凡事都用一百二十分的力。我始終遵循內在的渴望。

想念年輕的自己，其實是害怕老化嗎？害怕老後的自己，不敢再冒險的自己，也害怕接近死亡的自己。

我想找回年輕時的激情與活力，那是一種渴望突破疆界的生命力嗎？

不論是小賢或者是幼丁老師，都持續讓自己內在的某部分情感燃燒著。

這份情感，與我們的熱情與生命力有強大的連結。

在想念自己的過程中，我渴望找回更真實的自己。

誠實的面對自己

《觀察自己》提到觀察的四個基本原則，另一個原則是無情誠實的面對自己。

我們的內在有一把保護傘，也就是我們的「心理防衛機制」（Defence mechanism），通常來自內在的一些抗拒或不願意接納現實，於是產生逃避或是抗拒的行為，用以保護我們的人格避免受到傷害，減少生命中無法接受的人事物，或潛在威脅的事物所帶來的焦慮。

心理防衛機制的存在，是為了讓我們維持正常的生存功能，以便適應整體社會。但是過度使用它，會讓我們與身體及情緒失去連結，阻礙我們連結自我，無法誠實的面對自我，甚至影響到身體健康。

我很喜歡《觀察自己》裡面的兩句話：「當我練習無情誠實的面對自己時，我會體驗到自願的受苦。我可以不帶自我欺騙和評判，如實的看見內在的衝突，和痛苦在一起，在身體裡去感覺它，痛苦就會滋養我。這是一種身心能量的平衡過程。」

在探索自己時，唯有對自己誠實，看見真實的自己，才有機會成為真正的自己。

要先迷失自己，才有辦法找回自己。
讓那些無法掌控的事情全部放手。

10

找回想念的自己

回想過去的一個你。

這是你喜歡的自己，欣賞的自己。

那時的你好幸福。

這個你充滿愛，始終保有力量；對人事物有強烈的熱情，清楚知道自己要什麼。那時候的自己，沒有太多的懷疑，只有一股傻勁，拚命往前衝，一心追求自己熱愛的、渴望的。

一切都那麼篤定，沒有懷疑。

那時候的你，發生了什麼事？和誰在一起？

當時的你，渴望什麼？嚮往什麼？你是如何連結內在渴望的？你是如何保有對生命的熱情的？

你的內在相信什麼？你是如何一步一步，朝著你想要的前進？

你很想念這樣的自己，差一點忘記自己曾活得這麼

精彩，像一顆恆星，在宇宙間閃閃發光。

那時的你，力量是從哪裡來的？你因什麼而發光？

和這樣的自己連結，那個美好的、令人嚮往的自己連結。

邀請當時的自己，想像自己就站在你的面前，把內在的光亮透由雙手傳遞給你。你感到溫暖，感覺每個細胞都被喚醒。你可以擁抱自己，讓你們心心相印。想像你們的心一直連在一起，緩緩合一。

原來，你根本無須想念。這個自己一直都在。

你知道本質上，你從來沒有改變。你還是這個你想念的自己。你的初心一直沒變；你的生命熱情始終沒變。

找回初心，找回想念的自己。

一片葉子落下來

　　那天，眼淚像傳染病似的，瞬間蔓延開來。情緒就是有這麼大的渲染力；只是單純的陪伴，心似乎就獲得了救贖。

　　一早，孩子問我：「老師，小翊今天怎麼沒來上課？」

　　我說：「他的父親昨晚過世了。」

　　小祐是小翊最好的朋友，我的話像是觸碰了某種開關，直擊他心底最深的痛。一向開朗的他，忽然趴在桌上傷心的哭了起來。

　　悲傷，悄悄的在空氣中蔓延開來。瞬間，幾乎全班都哭了。我紅著眼，邀請他們談談自己的眼淚。

　　小昱說：「昨天和小翊一起打球，我們好開心，無法想像這麼開心的他一回到家，就聽見父親過世的消

息。我替他難過……」小昱是一個害羞的小男生，平常很ㄍㄧㄥ，很少看得出他的喜怒哀樂，今天竟然哽咽落淚。

小茗說：「我想到我的爸爸。媽媽每天都很擔心爸爸中風，因為他每天都要加班到半夜。老師，我好怕我爸爸生病死掉。」

孩子們一個個訴說內心的恐懼。小小的年紀藏著許多不為人知的恐懼。我看見孩子們的不捨、同理心以及對死亡的恐懼。

我問孩子：「我們可以為小翊做些什麼？」

「我會像以前一樣陪他打球，讓他忘掉失去父親的痛苦。」

「我會說笑話給他聽，他最喜歡跟我一起搞笑了。」

愛搞笑的小丁馬上說：「你確定他喜歡聽你的笑話？應該是我的吧！」

孩子們開始興奮的說起自己能夠為小翊做的事，悲傷好像就慢慢的消退了。最後，我帶孩子在心底送一份祝福給小翊及他的家人。

過幾天，小翊回來上課。一看到我，馬上紅了眼，低著頭，一句話都沒有說。我走過去緊緊的抱著他，什麼安慰的話都說不出口。

我能說什麼，來撫平一個孩子失去父親的傷痛？

再過一陣子，我為孩子說了一個繪本故事《一片葉子落下來》（*The Fall of Freddie the Leaf*）。

一翻看扉頁，就看到這樣的文字：「獻給所有曾經歷生離死別的孩子與不知該如何解釋生死的大人。」故事約略是這樣的：葉子佛瑞迪和他的葉子朋友丹尼爾一起成長，學會了隨春風起舞，在夏日享受慵懶的陽光。丹尼爾帶領佛瑞迪認識太陽、月亮以及身為葉子的使命，更重要的是認識生與死的意義。

當冬天來臨，佛瑞迪成為樹上最後一片葉子時，他終於體會丹尼爾在飄落前所說的：「總有一天樹也會死，但有些東西比樹更強壯，那就是生命。生命永遠持續著，我們都是生命的一部分。」最後，佛瑞迪優雅的飄落在雪堆上。

「老師，人死後去了哪裡？小翊的爸爸還會再回來嗎？我媽說人會投胎轉世。他會不會變成小翊的孩子？」小昱好奇的問。

「不管怎麼樣，小翊爸爸的愛，會一直留在我們的心底。」小祐這一次收拾起大量的淚水，哽咽的對著空氣大喊。

也許是小祐對命運的一種宣告吧：「就算你帶走了我們最心愛的人，你也帶不走他留在我們心底的愛與回

憶。」

我接著說：「小祐說得真好，我發現小翊的爸爸好偉大，即使死亡，還留給我們一份很珍貴的愛。我看見大家對小翊有很多的心疼與不捨，都很努力的想要陪伴他。也許這是小翊的爸爸送給我們的最後一份禮物。」

生命的意義，不就在每一個正在「愛」的當下？

畢業前，我請孩子們說一說這兩年來最深刻的回憶。小翊說起這件事，還慎重的說了一句：「老師，妳送給我們的畢業贈言，我會永遠記在心底。」

「接受愛，傳遞愛，成為愛。」是我的信念，也是愛的贈言。

死亡帶走生命，但帶不走愛。生命，始終會在愛中循環不已。

當我只是敞開心，溫柔的承接每個孩子的悲傷與痛苦，情緒流動之後，正向的情感與力量自然會從內心升起。

一片葉子落下來，一個希望悄悄萌芽。

愛，伴隨著陽光，會一直都在。

11

讓情感流動

　　有過這樣的經驗嗎？

　　入秋時，偶然看見一片葉子飄落，心中頓時升起一種莫名的情感。

　　它可能是微風輕觸肌膚帶來的冰涼感，也可能是胸口一種微微酸澀的感覺，有時是一種無法言喻的悲傷。

　　此時，若專注在身體，會發現體感不斷在改變，可以單純感受到情感在體內的流動狀態，悲傷的情感可能輪流展現在身體的各個不同部位。例如本來在胸口，像氣流般迴盪，接著轉到胃，有一種悶悶的感覺，像午後快要下起雷陣雨的狀態。接著來到下腹部，有一種緊繃感。我緩慢呼吸，不批判緊繃感，不與緊繃感對抗，只是持續讓身體放鬆。

　　想邀請親愛的你，試著下次有某些情感從內在升起時，回到體感，感覺身體裡面各種感受帶來的韻律起

伏，強弱變化，那是一種美妙的過程。

這是情感中心流動的過程，它是一種能量狀態。當情感流動時，身體就不容易感覺卡住，比較不容易有糾結酸痛感。能量不卡住，身體自然健康。

然而，大部分我們面對情緒的運作並非如此。

以同樣是初秋，經過樹下，感受到落葉飄零的狀態為例。

一開始，可能是一種單純的情感流動狀態，感受到入秋後的淒涼悲傷感，胸口升起酸澀感。接著就進入大腦的思考，腦神經開始與過去的記憶連結。

想到一年前，同樣的這個季節，與前任男友分手。

接著腦海中浮現一句話：「他不愛我，他怎麼可以這樣對我？」

胸口瞬間陷入燃燒的狀態，憤怒不已。接著，悲傷浮現，於是又產生新的想法：「我這輩子都不要再愛人了，愛人只會讓我受傷。」

這時胸口彷彿有一把利刃，深深的插進內心，汨汨的流出鮮血。

此時的情緒，已不只是情感中心在運作，理智中心也來湊熱鬧，甚至身體中心的本能中心會有反射作用，把過去對悲傷的記憶直接投射出來。

我們的情感與思考常常是糾結在一起的。有一個情

緒，於是產生了一個想法。然後新的想法，又帶來新的情緒。於是情緒與想法生生不息，從此陷入無間地獄。葛吉夫稱這樣的狀態為「理智情感複合系統」。

此時內在陷入自憐的狀態，這已非單純的情感中心的運作了，而是三個中心同步運作的複雜過程。

於是你默默的下定了一個決心：「從此，我再也不要愛人。」

此時的悲傷，不再只是單純的情感，整個人已經因為初秋，陷入了深深的情緒中，甚至於讓自己與愛的源頭失聯。於是我們的自我防衛機制越來越強大，像是一隻刺蝟般的遊走人間。想愛，卻總是得到傷害。

害怕受傷而恐懼愛，就是因為「理智情感複合系統」運作的結果。

想邀請你覺察生活中什麼時候陷入了「理智情感複合系統」，那是你真正痛苦的來源，而非一開始單純的情感湧現。當你發現自己陷入了這樣的狀態時，請先為自己喊停，然後回到單純的體感狀態。

覺察你的情緒，讓情緒單純自然的流動，遠離「理智情感複合系統」。

在單純的情感流動中，把愛找回來。

注意體感並放鬆身體

《觀察自己》提到觀察的四個基本原則，另一個原則是注意身體的感覺並且放鬆身體。

葛吉夫強調：記得自己，清楚知道自己要什麼。他認為觀察都必須根基於對身體的覺察，如果身體沒有感受，就不是真正的觀察。身體是我們在這個世界的定位，有了這個肉身，於是我們存在。因此，不論是對理智中心或是情感中心的覺察，他們也都會產生一股能量在身體運行。

舉個例子，邀請你感受此刻腳底的狀態。如果你是使用理智中心，那麼你會「想」腳底，這樣的想其實是處於一種虛幻的狀態。你並沒有真正在感受身體。

真正的感受身體，並不是一種思考狀態，它會帶來一種真實的感受。例如此刻我的腳感覺熱熱、腫腫、脹脹的，因為我剛做完運動，感覺肌膚的表面，有一些麻麻的感受，似乎是血液在流動。這樣才是真正的感受腳底的狀態。

當我們覺察時，若能伴隨著當下身體最真實的感受，會進入一種臨在的狀態，意識到自己是活生生的，真實的活在當下，內在自然產生一種穩定放鬆的品質。

第四章

理智中心的覺察

「理智中心」包含邏輯思考、推理分析、印象的認知、陳述與概念的形成、說話、想像等大腦的運作能力，並透過比較，評斷兩個或兩個以上印象的結果。它的重要功能就是思考與覺察的識別，擺脫慣性與限制，清楚知道自己的目的，透過比較、選擇與轉化觀點，賦予人、事、物正面的意義。

愛沒有標準答案

竟然從發糕與蝦味先中，看見愛的相反面貌！

初二回娘家陪母親吃飯。老公愛吃發糕，一看到桌上的發糕，眼神直接黏住。母親見狀，立即貼心的蒸發糕給老公吃。飯後，母親問我是否要吃紅豆年糕，老公在旁邊直點頭，他最喜歡吃年糕了。母親看到老公的反應，忽然大聲的說：「你不可以吃年糕。你剛剛已經吃了發糕，這樣會吃太多甜食。」老公瞬間呆住，沒想到母親這麼嚴厲，整個眼神變得暗淡。

我忍不住大笑。這就是我的母親。從小到大，她用嚴格與紀律表達愛，限制我們甜食的攝取量。

回想中午跟婆婆吃飯，飯後婆婆拿了蝦味先給老公吃。老公吃得好開心，婆婆看了好歡喜，馬上說：「吃得夠嗎？吃不夠還有一包喔～我再拿給你～」馬上拖著

老邁的身軀，神情雀躍的去拿零食。對婆婆來說，就怕老公吃不夠，才不管他是不是吃太多零食。只要他想吃，就全然的滿足他。

婆婆用食物，表達滿滿的愛。母親透過不斷的規範，確保我們的健康。

兩種都是愛，卻在天秤的兩端。

婆婆全然的寵愛與母親嚴格的愛，曾經讓我們的婚姻產生很大的磨擦。老公對我也是全然的寵愛，用婆婆愛他的方式；我對老公則是極為嚴格，用母親愛我的方式。我認為這才是對的，婆婆的寵愛是錯的。

愛，一旦有了對錯，衝突自然不斷。

事實上，兩個母親愛的行為背後，隱藏著理智中心對愛的兩種觀點。

在我家寵愛是害孩子，要嚴格的管教才是愛。在老公家，寵愛才是愛，要永遠給予無條件的愛。

這就是愛奇妙的地方，每個家庭都有獨特的愛的觀點與表達方式。

我們從小被父母愛著，自然會模仿父母如何表達愛。常常用慣性的方式表達愛，以為這才是愛唯一且正確的面貌。

現在，我偶爾會買零食餵飽老公，他就會心花怒放的說：「我就知道老婆最愛我了」。我知道這是他想要

的被愛方式。被母親教得太好的我，偶爾還是會心裡淌血，想著：「愛？我在餵你吃毒藥啊～」然後又一面安慰自己，吃一點零食可以放鬆心情，沒有關係的。

我試著在愛中找到平衡，挖掘愛的各種可能性。

用對方想要的方式愛他，而不是一直給對方我認為他需要的愛。

究竟什麼是愛，從來沒有標準答案。

理智中心的功能之一，就是讓我們保有思想的開放性，具有更多彈性。

二十多年的婚姻讓我看見各種隱形的愛。我不需要限制愛的觀點與表達方式。餵食是愛，責罵是愛，所有的行為背後，其實都在表達愛。

愛，與對錯無關。

我越獄了，
從我的思維牢房脫逃，
徹底越獄了。

12

放下限制性觀點

邀請你丟掉一個舊有的觀點，限制你的觀點！

每個人看待事情都有不同的觀點，並且產生相對應的行動。有些觀點無形中限制我們的發展，造成內在的痛苦，只是我們並未察覺。「犯錯」就是個有趣的例子。

你是如何看待犯錯的？又是如何看待失敗的？

可以犯錯嗎？可以失敗嗎？

一次的犯錯是被允許的嗎？兩次呢？三次呢？無限多次呢？

曾經跟一個好友聊過，她說孩子可以犯錯一次，但不能犯錯第二次，這樣沒有長進，不能原諒。因為子曰：「不貳過」。我們都是在同樣的文化背景下成長的。我問她：「妳也是這樣要求自己的嗎？」她點頭。

我心疼她。犯錯帶來的自責，讓她在自己的心上插了無數把刀，也在她的孩子身上留下許多隱形的疤痕。

回想人生，我們犯錯了幾次？失敗了幾次？光是學會走路，就失敗了千萬次吧！

　　生命，就是在一連串的嘗試錯誤中，學會了修正與反省。如果不能犯錯，如何成長？能不能看見犯錯後依然美好的自己？欣賞那個一直努力做好、避免犯錯的自己？用來取代那個因為犯錯而不停自責的自己？就是那些錯誤的軌跡，於是我們成長得更好。

　　生命中充滿了美麗的錯誤，你看見了嗎？把「不可以犯錯」重新定義，也許就變成──「錯誤，是一個修正與成長的機會。」

　　這些造成我們痛苦的觀點，往往藏在許多「我應該如何」或是「我不可以如何」的觀點中。邀請你覺察自己的觀點，試著丟掉一個舊有的、限制性觀點，為它換上新包裝。

　　改變觀看的視角，為我們的限制性觀點，重新下一個定義吧！

看見天使

一團黑影倏的竄到我的腳邊，髒兮兮的身子，皺巴巴的短褲，光著腳丫……他竟然沒穿上衣！這年頭還有像泰山般的孩子嗎？

「他是一年級的新生小剛，每天光著腳丫來上課，但坐不住，總是跑給老師追，他家啊～總是堆滿垃圾……」主任邊搖頭，邊把小剛趕回教室。

我心想：「誰教到他，都會一個頭兩個大吧！」

二年後，小剛竟然成為我的學生。

開學後第一個我去開晨會的早自習，小剛就把全班弄得雞飛狗跳。每一次小剛鬧過，我回到教室，總要花加倍的時間感謝班上孩子的包容，並教導小剛應該有的良好行為。但小剛卻變本加厲、為所欲為。

我只是一再重複同樣的做法，看來這是無效的選

擇，問題始終沒有解決。

我永遠無法忘記那天開完晨會後的情景。一回到教室，班長帶著委屈的口吻說：「小剛趴在地上學狗叫，還咬了小堯和小靈的腳。」小堯和小靈對我說：「我們都不敢動，乖乖的讓他咬，他只是輕輕咬，不會很痛……」小晴接著說：「我看書時，小剛把我的書搶走，還壓著我的背，前後不停的搖晃。」

「你們都沒反抗嗎？」我吃驚的問，孩子們不約而同的搖搖頭。

我突然意識到我需要改變。我必須做出更有效的作為，抑止小剛的惡形惡狀。忽然靈光乍現，我決定冒一個大險。

當下的我立即決定演一齣戲，嚇嚇小剛。我拿起平常用來指生字的棍子，把他像小狗般的拎到講台前。

「老師想要好好處罰小剛，你們覺得老師要打他嗎？讓你們決定。」我假裝鎮定的看著全班，其實心裡蹦蹦跳。

「老師，我覺得妳不應該打小剛，妳說他正在吃藥，不是故意打人，只是無法控制自己。如果妳打他，他就太可憐了。」善良的小瑄搶著發言。

「可是你們一直被他欺負，不是也很可憐？」我撩撥著孩子的情緒，想激起更多的迴響，讓孩子更清楚知

道自己內心對愛與良善的堅持。

「我們沒關係啦！」講台底下陸陸續續冒出細碎的聲音。

「老師，不要打小剛啦！」孩子們哀求著。

「給我一個不打他的好理由，想辦法說服我。」我邀請孩子進入思考實驗。

「老師，妳平常教我們，如果我們打他，就跟他一樣在使用暴力。妳打他的話，也是在使用暴力，不是嗎？」小彤回答。

我點點頭說：「這個理由真好，再來。」心裡忍不住讚嘆，才三年級呢！

溫柔的小芳說：「老師平常看起來很溫柔，如果妳打他，我會很難過。」

「老師，如果妳打他，我會很害怕。」孩子們開始一個個接力，想要說服我放棄暴力。

我轉過頭來對著小剛說：「你看到了嗎？你每天欺負大家，大家卻想辦法替你求情，你這樣對得起大家嗎？」

我看到小剛的眼眶紅紅的，緩緩的低下頭，頓時心安了。

最後，我讓孩子投票，全班一致通過，不要打小剛。孩子們掉進我預先布設好的愛心陷阱。我頓時鬆了

一口氣，幸好我願意跨出我的舒適圈，擺脫慣性，做出另一個完全不同的選擇。

我知道，當我更有意識的透過提問激發孩子們的理智中心，觸發他們思考什麼是愛與包容時，我會得到我要的美善行為。

從此以後，小剛的問題行為日益減少。原本總是憑仗暴力在校園遊走的他，似乎發現這間教室，是一個可以讓他放下拳頭的安全堡壘。在這裡，每個人都和善待他，他無須張牙舞爪的宣示主權。小剛和班上的每個孩子都成了朋友，時常主動幫助同學。

日子像水面閃著一絲一絲金光的河流般，緩慢而平穩的流向歲月的大海。

「有蟑螂！」課上到一半，孩子大喊。

「這邊還有一隻！」那邊尖叫著。

「這裡也有！」另一邊跟著大喊。

蟑螂源源不絕的從小剛的書包爬了出來，而他，就坐在我的正前方。班上的女生們齊聲尖叫，叫的最大聲的是我。我在講台上驚慌失措，完全忘了自己是老師。勇敢的小恩大喊：「老師，不要怕，我來保護妳。」只見一個三年級的小男生，衝上講台，為我奮勇殺蟑，陸續踩死好幾隻蟑螂。

隨後，一群小男生跟著上台，開始跳起了節奏強烈

的踢踏舞。因為地板上冒出來的蟑螂越來越多，他們乾脆把小剛的書包提到走廊，用力抖動，只見密密麻麻、剛孵化的小蟑螂一隻隻的摔下來。

孩子們來不及踩死牠們，小剛乾脆把蟑螂一把一把的從三樓往下扔。只要想到那一隻隻的小蟑螂可能跌落在某個老師油亮光滑的頂上，場面將會是多麼的慘不忍睹，我趕緊制止他，繼續讓孩子們展開艱困的殺蟑行動。

蟑螂事件之後，沒有任何的抱怨與排斥，更沒有嫌惡的臉孔。每次換座位時，還是有一群可愛的小女生想要跟小剛坐，搶著說要幫忙照顧小剛。

孩子們的良善怎麼來的？長期用心討論來的。我會和孩子們分享生命經驗帶來的體會與收穫，並且有意識的訓練孩子的理智中心，進行思考與分辨，帶著孩子們將眼光聚焦在人事物的正面意義。

我想，小剛當初選擇降臨在這樣的家庭，成為這樣的孩子，都是為了喚醒班上的孩子、喚醒我，喚醒我們心中的愛心與包容，讓我們學著張開那雙隱藏許久，連自己都遺忘了的翅膀。

原來，我們都是天使。

讓我美美的，
與世界相遇，
與你相遇。

13

化危機為轉機

當你面對同樣的挑戰，你的反應是什麼？

有覺察過嗎？

我們很容易使用慣性的應對方式，面對類似的處境。如果同樣的方法試一次無效，做十次、一百次，就會有效嗎？

當危機來臨時，你一直用同樣的方法面對嗎？

你有勇氣突破慣性，跨越原來的舒適圈，展開一場冒險嗎？

何不給自己一個機會？

危機就是轉機。機會，代表一個改變的契機。

思考這次的機會，讓我看見什麼？學會什麼？

理智中心真正的作用，是仔細的分辨不同，卻不給予事件任何的標籤，只是中性的看待當下的情境。

情境，沒有好壞，就單純只是一個境，是頭腦賦予

情境的好壞。

　　遇到挑戰的關鍵，在於你是如何做決定的？

　　你的起心動念是什麼？你的初心是什麼？什麼是你真正想要的？

　　試著校準心中的標靶，靈魂深信不移的信念，你渴望活出的價值與意義。

　　然後思考至少三種面對危機的方法。你的生命是自由的，你是有選擇的。

　　若有機會，試著每一種方式都嘗試看看。生命會因為嘗試錯誤的過程，累積更多的經驗。於是，內在空間更大，有更多的彈性面對生命的困難與挑戰。

　　最終，同一種情境不再困住你；卡住的你，從此擁有飛行的能力。

愛德華

　　愛德華，是我此生不願意放棄的一個機會。

　　他不是一個男人。

　　老公說，他永遠忘不了我在英國寫下「愛德華」三個字的情景。那是他在生命最困苦的時候，常會用來激勵自己的畫面。

　　剛結婚時，我和老公因為買了房子，沒錢裝潢及買家具，曾經坐在地板上抱頭痛哭。那時忽然能理解什麼是貧賤夫妻百事哀。

　　後來我想盡辦法，要讓老公出國念書，只有這樣才有可能改變我們的命運。

　　老公問：「我們沒錢，拿什麼出國？」

　　我說：「我們存一年的錢，存到一百萬就出國念書。」

老公又說：「怎麼可能存到一百萬？就算存到一百萬，光是繳學費就差不多了，怎麼生活？」

　　我說：「到英國再打工賺錢，一定有辦法養活自己。」雖然嘴上這樣安慰老公，但心裡也會擔心顧慮，也在猶豫是否真的要這麼衝動。

　　老公一向覺得我不切實際，但我的內在深信夢想一定能成真。仔細思考出國的可能性後，我決定放下過多的顧慮，停止掙扎。

　　當時，我和老公都是上班族，兩人的薪水加起來也不過十萬，還利用假日兼差，到街上做街訪。

　　我曾經省吃儉用到同事們中午吃煎餃，我把所有的醬料包都拿回家，為了要炒飯，想連醬油的錢都省下。

　　天天吃炒飯成為日常。那一年，我們真的存了一百萬。

　　一到英國，我就開始想盡辦法找打工的機會。我不會寫書法，看到有人在擺攤，在賀卡上寫下外國人的名字賣錢，攤子正在招募員工。

　　我想去應徵，務實的老公在後面拉著我，怕我丟臉，認真的提醒我說：「妳不會寫書法，不是嗎？」

　　我的傻膽又起，跟老公說：「沒關係，看起來很簡單，搞不好被我矇到一個工作，至少是個機會。」

　　老闆要我試寫「愛德華」三個字。

我自信滿滿的拿起毛筆開始寫。

我用盡吃奶的力氣寫下愛，自己覺得滿意極了。忽然發現整張卡片愛就佔了十分之八，接下來的德和華兩字怎麼辦？

我只好把德跟華寫得好小好小，各占十分之一。老公看傻了眼。

我還一副理直氣壯的覺得不是我的錯啊！是紙太小了！

老闆搖搖頭，直接拒絕我。

老公趕緊帶我逃離現場。他的臉皮薄，覺得丟臉。我倒覺得是個機會，要試過才知道，沒嘗試就先放棄，會對不起自己的。

畢竟生存更重要，面子能當飯吃嗎？

我們住在威爾斯的小鎮，其實工作機會並不多，我每間餐廳都去敲門詢問。

數不清被拒絕了多少次。

找了一個月，終於找到餐廳的工作，而且我是這批外國留學生當中，第一個找到工作的。

我就是一隻打不死的蟑螂，特別是面對內心的渴望，總是越挫越勇。

沒想到在餐廳的工作，讓我賺了不少錢，除了讀書以外，還去了八個歐洲國家玩，當背包客睡機場，最後

還存了三十萬回台灣。

　　餐廳老闆甚至捨不得我離開，想用年薪三百萬留下我。對二十年前的我來說，這是一筆鉅款。

　　感謝年輕時的我，在理智中心的深思與掙扎過後，決定相信自己能夠圓夢。

　　老公說，日後只要他失去勇氣時，就會想起我的愛德華，這是史上最勇猛的蟑螂精神。

　　身為一隻蟑螂，我挺驕傲。

14

對擔心的新看見

擔心與焦慮似乎是現在人普遍的情緒狀態。

想邀請你透過書寫，展開一場深度的自我對話，探索潛意識關於擔心的種種。準備好幾張紙與一支筆，跟著我的提問開始書寫，也可以挑選其中感興趣的問題進行書寫。不需要思考是否寫得好、合乎邏輯，只要自然的寫下腦海中的任何想法。如果有任何情緒或身體感受產生，也請真實的留下紀錄。

也許，你對擔心從此有了新的看見，新的定義。

以下是我的提問：

生活中，你擔心什麼？什麼事讓你最擔心？

這個擔心多久了？從什麼時候開始的？

這樣的擔心怎麼產生的呢？從小就有，還是出社會或進入家庭之後？

這個擔心跟什麼人事物有關？可以想一個引發你

擔心的具體事件嗎？

　　你怎麼看待擔心的？當你擔心的時候，你又是怎麼看待自己的？

　　你期待擔心減少嗎？或是最好消失？

　　你願意靠近擔心嗎？能夠允許擔心嗎？能夠接納擔心嗎？

　　透過每一次擔心，你真正想要的是什麼？

　　當你擔心的時候，你覺得自己是有價值的嗎？

　　擔心帶給你的正面與負面意義（好處與壞處）是什麼呢？

　　擔心跟缺乏安全感有關嗎？透過擔心，會讓你感到比較安心嗎？

　　擔心跟信任有關嗎？會擔心是因為你不能信任某些人事物嗎？

擔心跟愛有關嗎？

擔心時，才表示你正在給予愛嗎？

擔心跟自由有關嗎？

擔心時，會讓你感到不自由嗎？

你想要成為擔心的主人嗎？而不是被擔心掌控？

這個擔心與你在生命中扮演的某個角色有關嗎？什麼樣的關聯？

書寫完後，重新閱讀一遍，過幾天，再閱讀一遍，可能會有新發現。

最後，也許你看待「擔心」的觀點改變了，能賦予擔心一個正面意義。

是與否的練習

《生命的真相》（*The Reality of being ／ The Fourth Way of Gurdjieff*）這本書，裡面提到「是與否」的練習。以是否要吃零食為例，通常內在會先有一個匱乏感，讓我們想要進食。這時如果認同「是」，就會吃零食。如果認同「否」，就會克制自己不吃零食。一旦我們認同「是」或「否」，都會因此展開一個行動。

葛吉夫認為我們既不認同「是」，也不認同「否」，先不產生任何行動，待在「是與否」的掙扎中。此時內在會產生一種摩擦，當摩擦結晶時，能量就轉化了。於是，更高等的能量就會從心中升起，自然而然有了行動。

舉例來說，對於出國念書這件事，我的確在「是與否」的掙扎中待了一陣子。考量到老公的擔心與顧慮，差點「否」定了出國的可能性，放棄心中的夢想。然而，隨著時間的沉澱，深思熟慮後，我確定我們有足夠的能力負擔出國所需的經費，我能更勇敢的對我們的能力說「是」。沒想到老公的擔心，反而成為助力，因為擔心養不活自己，所以完全不放棄任何一個機會。如今，出國深造成為我生命中最重要的決定之一。

幸與不幸

你是怎麼看待這個世界的？

是正面的，還是負面的？

中秋節前夕，和老公有一段有趣的對話。

傍晚在河堤散步時，原本半透明的圓月，在夜空的襯托下，逐漸變得皎潔，我忍不住說：「好美喔～」

老公聽了忽然說：「我剛剛心裡浮現的三個字，兩個字跟妳一樣，一個字不一樣，猜看看是什麼？」

我重新看了河濱的美景，除了月圓，遠處 101 的燈光閃爍，其實也美。近處的高架橋上，一長排的車龍，以一種緩慢的韻律前進，也美。我真猜不出，老公心裡想的話是什麼。

老公笑著說：「我想的是『好塞喔』！即使同一個景象，我跟妳的解讀永遠不同。妳永遠會看到最美好的

部分，我永遠會看到負面的部分，我是不是應該跟老婆學一學？妳看什麼都美，我們眼中的世界多麼不同。」

的確，在我眼中，連塞車的車陣，紅色的車燈不斷閃爍，都如一條紅龍般耀眼迷人。

回想幾個星期前，和婆婆在急診室奮戰，住了幾天醫院。

初到急診室，醫生用 X 光檢查，說婆婆的大腸阻塞，可能要開刀。婆婆嚇壞了，不停焦慮的說：「詩君，要開刀啊～怎麼辦？」

我說：「媽媽，我知道妳很緊張～不過醫生只是說可能要開刀，目前還未確定，還要等電腦斷層掃描的結果，也許只是一堆大便塞在腸子裡。妳記得上次我陪妳照電腦斷層掃描的事嗎？」

婆婆回答：「記得啊！那時我一直咳嗽，就開始擔心，如果照電腦斷層掃描，一直咳嗽怎麼辦，護士會不會叫我下次再來，那我又要跑一趟了。」

我問：「結果那天妳的擔心成真了嗎？」

婆婆回答：「結果那天照得比平常都順利，幾分鐘就結束了。」

我說：「妳還記得妳跟我說妳學到什麼了嗎？」

婆婆忍不住笑了，忽然頓悟的說：「我說我很喜歡自己嚇自己，看來今天我又在嚇自己了。」

我們的理智中心，功用在於邏輯分析與解決問題，習慣性預先做計畫及準備，卻也容易陷入過度擔心，和情感中心形成「理智情感複合系統」（見 P162 幸福覺察小練習／讓情感流動）。這套複合系統的運作模式，就是透過「思考」做計畫，然後產生擔心的「感受」，如果沒按照計畫怎麼辦。接著又開始做更多的計畫，陷入更多擔心，於是最後掉入過度擔憂的苦海中。

當腦海中有許多念頭同時產生時，要更有意識的選擇某一個想法，並知道這個信念對當下是最有幫助的。這才是理智中心真正需要分辨與思考的工作，而不是陷入「理智情感複合系統」。

我記得在急診室那天，是我生命中相對比較艱辛的一天。整夜沒睡，沒有時間坐下來休息。一直忙到半夜三點多才有時間吃東西。當我坐在花圃旁，吃著便利商店買來的茶葉蛋，望著深藍色的夜空，竟然有一種無與倫比的幸福感。心中忍不住讚嘆：「能吃到熱食真好！能坐下來休息真好！」

我為擁有當下片刻的身心放鬆，深深的感動著。

婆婆那陣子意識清楚，最常對我說：「詩君，救救我，我好痛苦喔！」我很慶幸不是老公面對這樣的狀態，他一定心疼死了。

老公當時在大陸工作，好不容易等他回國，婆婆的

狀況好了一些，我接著閃到腰，行動不便，像九十歲的老太太。

一個星期後腰傷好多了，婆婆卻又在幾天後再次送進急診室。

無常像颱風般掃過。

我好慶幸，婆婆最痛苦的時候，是我陪著她，而不是老公。我好慶幸，我的腰傷，是在婆婆身體比較舒服的狀態下發生。我好慶幸，後來的婆婆，已經迅速失智，不知何謂痛苦。

回想最後一次送進急診室時，她半身不遂，無法言語，但意識卻如此清楚。我看見她眼神中的沮喪及無力。失智後的她，可以一臉安詳，何嘗不是一種幸福？

婆婆生病一年了，剛開始我和老公都不太敢讓自己開心，因為內心會有一種罪惡感，好像親人受苦，自己就沒有權利快樂。

慢慢的，我開始調整自己，讓自己回到當下。當下做什麼，就體驗什麼。散步，就體驗身體的移動；飲食，就體驗吃東西的樂趣。

我把自己的心，練得稍微大一點，可以同時裝下所有的喜怒哀樂。內在悲傷又無力，同時又擁有許多喜悅及幸福感。我像是一整片天空，任由情緒像雲朵般來來去去。

理智中心還有一個功能是比較，善用比較的功能，比較後選擇讓自己內在更有力量的觀點。現在，我只要跟急診室那天的自己相比，就覺得能好好吃飯、好好睡覺，就是一種最大的幸福。

　　我絕不拿自己與他人比，那無異是讓自己陷入無間地獄。

　　不幸中，總是會有大幸。我喜歡把目光聚焦在這些大幸。

　　那天散步完回家，收到舫芙老師送來的中秋禮盒。有濃濃的咖啡香，象徵平安幸福的手工皂，還有一本《希望新生2【心之勇士】》。

　　好濃的幸福感。好深的祝福。這大幸來得剛剛好。

　　我相信書的封面寫的：「淚水和汗水，都具有非凡的意義。」

　　這就是生命。

　　幸與不幸，都由自己定義。

不做無謂的想像

《記得自己》這本書，裡面提到自我覺察是嘗試在內在創造出一種客觀意識狀態，控制你的想法，不做無意義的想像，不進入白日夢的狀態，而是進行有意識的思考。

這裡的想像指的並非我們在創作時所需要的想像力，因為創作是有意識的思考之一，所以創作的想像力也是一種有意識的思考。

當我們不受控制的讓各種念頭充滿我們的腦袋，或是顧慮別人對自己的看法，擔心自己的某些做法，像這些想像，等於是大腦進入被害妄想症的情節編造，就是沒有必要的。這裡的想像，是指我們陷入各式各樣自己編造的人生情節裡面。

前述提到婆婆在醫院的諸多擔憂，就是陷入「自己嚇自己」的想像狀態。

15

清除人生障礙

　　腦海中會不自覺得浮現一些焦慮擔心的話嗎？

　　事情怎麼這麼糟糕？現在怎麼會這麼慘？我怎麼這麼倒楣？沒有……怎麼辦？如果……怎麼辦？接下來會不會發生更悲慘的事？我會不會得不到想要的結果？

　　當事情還沒來臨前，就開始先進入悲觀的狀態，設想發生的各種不幸，你有過這樣的經驗嗎？

　　喜歡當下的狀態嗎？

　　喜歡這些充滿負面想法與情緒的自己嗎？

　　你有意識到你正在為難自己、讓自己陷入驚嚇的狀態嗎？

　　本來你穩定，只因為某個想法出現了，於是開始陷入焦躁不安，變得自我懷疑。你以為這是未雨綢繆，其實是自己嚇自己。

　　你不斷的看見自己的不足與匱乏，不斷的看見事情

往更壞的地方發展。

你沒有辦法控制，就這樣一路不停的想下去。

真的沒有辦法控制嗎？可以試著喊停嗎？

這些負面的想法就像利刃，阻礙著你前進的方向。它們讓你裹足不前，沒有力量再繼續往生命美好的方向行進了。

你可以停下來，往回走，不再往利刃的方向前進。你可以跳過這些人生道路上的荊棘，繞過去，甚至另闢蹊徑。

人生的決勝點就在於覺察，你是否有注意到腦海裡這些削弱內在力量的想法，讓你一而再，再而三的陷入自己設下的陷阱。

醒過來，看見它，讓你內在的光明，照亮這些晦澀、悲觀的想法。

覺察腦海中的負面觀點，將清除你的人生障礙，帶你前往美好之境。

此時，好與不好，幸與不幸，由你自己決定。

好媽媽

婆婆像個三歲小孩般，滿足的笑著。這是她生病後，從未出現過的表情。

粉嫩的臉，也像三歲孩子，我不停愛憐的撫摸著。

我問：我是誰？

她說：鄧蒙丹

我問：妳是誰？

她說：鄧蒙丹

失智的她不記得老公，不記得我，只記得她的名字是「鄧蒙丹」。

看來外在的一切事物，都成為她自己。此刻的她正活在內外合一的狀態，難怪看起來如此寧靜喜悅。

她看著我叫媽媽，然後不斷重複「好媽媽」。

她不再重複說「太慘了」或者「好可怕」。

她的靈魂開始透著光，恐懼漸漸遠離。

不時，她就會說：「鄧蒙丹是好媽媽」。

是的，毫無疑問，我的婆婆真是一位好母親。

我不禁思考，一個失去理智中心的人，究竟是念念不忘她的角色，還是忘不了這個角色背後的愛呢？

我把這段經驗與母親分享。

我問母親：「妳覺得自己是好媽媽嗎？」

母親搖搖頭。

我好奇的問：「怎麼會覺得自己不是好媽媽呢？」

母親小小聲的說：「我很笨，是一個笨媽媽。」

母親只有國小畢業，總覺得自己所學不多，非常自卑，總是要我認真讀書，才不會被人看不起。

我再問：「怎麼會覺得自己是笨媽媽呢？哪裡很笨？」

母親說：「我看別人的媽媽都很細心的照顧小孩，很會關心小孩。我都不懂得怎麼哄你們，照顧你們。」

我忍不住說道：「妳很會做菜，煮好吃的給我們吃，很會鼓勵我們念書。妳很愛我們，關心我們的健康。對我來說，妳是好媽媽啊～」

母親害羞的笑了。

我忍不住上前抱抱母親，每一次，都當成是最後一次的擁抱。

母親每次被我抱時，都會全身僵硬，立正站好。今天我要母親好好放鬆，用雙手回抱我。她害羞的用台語說：「三八啦～」接著輕輕的用手抱著我。

　　我想起老公前幾天聽到我跟母親用電話聊天，悵然若失的跟我說：「我再也不能這樣跟我媽聊天了。」

　　感謝婆婆的離世，讓我更有機會對母親表達愛意，在她還健康時。

　　死亡，讓我更珍惜當下的每一份關係。

認同

《記得自己》這本書，裡面提到「認同」是一種非常重要的心理特徵，貫穿了我們的一生。過度認同的狀態就是佛教所謂的執著，讓我們不能正確的感受，正確的觀察，並正確的判斷。

如果我們觀察自己，會發現進入想像或產生妄念時，認同就開始運作了，因而產生許多無用和愚蠢的表現。不停說話需要認同，負面情緒也依賴認同。我們常常過度認同某一個中心或角色，以為這就是我，事實上他們只是「群我」（見 P252 的定義）中的一部分。所謂「群我」就是我們的各種面向。

當我們「認同」時，第一步是看見它，第二步是與它爭鬥，且不受它的影響。

當我在愛時
痛就變得透明
有了翅膀
輕盈的飛翔

16

擺脫角色認同

生命中，我們扮演各式各樣的角色。

但有時我們忘了這只是一個角色，過度認同角色的結果，就是忘了真實的自己。

舉例來說，母親這個角色就很容易失去自我。

我沒當過母親，但我觀察到大部分的母親，常常會過度付出，嚴重忘記自己。有時，界線不分，很容易把子女的表現，等同於自己的表現。若子女的行為表現不佳，很容易歸咎於自己，認為自己未盡母親的責任。

若是如此，痛苦自然產生，因為誤把角色當成了真實的自己。

今天，讓我們好好檢視一下自己的角色，是否過度認同某個角色，因而迷失自我。是否要做到心目中認為的好，才肯放過自己？

請寫下現實生活中，你所扮演的三個角色，以及你在這三個角色中，主要展現出來的正面特質。

　　以我為例：

　　1. 老師：熱情、溫暖、同理

　　2. 妻子：溫柔、欣賞、包容

　　3. 女兒：貼心、支持、關懷

一、你最喜歡或最滿意扮演自己哪個角色？你最喜歡自己展現的哪種特質？

二、哪一個角色帶給你最大的成就感？讓你最有價值感與意義感？

三、哪一個角色帶給你的壓力較大？你會特別在意他人對你這個角色的評價？

四、生命中扮演哪一個角色對你來說最重要（最有意義
　　或最有價值）？花了你最多心思與精神氣力？重要
　　到似乎過度認同這個角色了？

　　當我們過度認同某個角色時，就會忽略其實我們真
正渴望的，並不是這個角色，而是扮演這個角色的背
後，自己所展現的特質。那時候的自己，我們會認為最
有意義且最有價值。

　　以我的例子為例，我的三個角色有一些共同的本
質，我喜歡呈現出熱情、溫暖、支持、關懷、包容等特
質，這些特質如果用一個更大的概念來涵蓋，可以說是
愛。我喜歡展現充滿愛的自己。

這就好像一個真正的好母親，讓她心心念念的，是這份好母親背後付出的「愛」，是愛讓這個角色有了價值，不是為了追求「好」母親這個角色認同。真正會讓我們感到幸福的，絕對不是他人評價中的好與壞，而是真實的感受到愛。

　　試著看見這樣的特質，這是你正在發光的時刻。盡可能讓生命中的其他時刻，發揮類似的特質。這時你就能感覺到時時都活在意義與價值中。

　　於是，你找到了真正的自己，而不需要一直戴著某個角色的面具，藉由角色經驗自己美好的特質，獲得他人的肯定。

靈魂專屬的第一名

孩子是如何產生自我概念與自我認同的呢？

我想起與班上孩子的一段互動。

「老師，我媽說養狗都比養我好。所以我想我應該很糟糕吧！」我聽了心忍不住揪起來。

沒想到這句話得到所有人的認同，全班瞬間躁動起來，每個孩子開始搶著說自己有多差。

每個月慶生，我都會進行「優點轟炸」這個活動，促進孩子們彼此的連結。請他們在小組輪流說彼此的優點，讓肯定與欣賞帶來的喜悅充滿整間教室。對他們來說，說出別人的優點很容易，卻不相信自己有優點。

「老師，小紀的功課這麼好，球打得也這麼好，他竟然還是覺得自己很糟糕，怎麼會這樣？」小民大叫。平常他最崇拜小紀了。

我忍不住好奇的問小紀：「你對自己沒自信啊？」

「對呀！我每次都考第二名或第三名，從來沒有一次考第一名。我媽都說我不夠認真，不夠細心，要不然怎麼考不到第一名？我想我一定是不夠聰明，才考不到第一名。」他低著頭，委屈的說。

發生了什麼，我們的孩子自我概念這麼差？每個都沒有自信、覺得自己糟透了。我原本以為功課比較好的孩子，可能會稍有自信一點，但事實並非如此。

仔細留意，孩子們的話語中都提到母親，孩子們的自我概念與自我認同，都來自於父母及周遭的人對他們的看法與評價，最後變成他們看待自己的方式。

我們不都是這樣長大的？

你的心底是不是也常不自覺的冒出「我很糟糕」這類的話語。

我不捨孩子們對自己這麼沒自信，試著做些什麼。

我習慣每天抽十到二十分鐘，讀書給孩子聽，分享我的感動，並且與孩子們討論。正巧，我的好同事玲為我在圖書館借了《讚美日記》這本書。

那天我讀了《讚美日記》的一段之後，邀請孩子兩人一組，練習讚美自己。

「老師，小旭堅持自己沒有優點，沒辦法讚美自己。」小彤說。

小旭從三年級開始就有情緒困擾，曾經做出自殘行為，身為資優生的他已經在資源班上了兩年社交情緒管理課程。五年級剛接到他時，整日愁眉苦臉，經過兩個月的相處，才慢慢在他臉上找到笑容。

我問：「怎麼了？你遇到什麼困難？」

小旭說：「我什麼事都做不好，怎麼會有優點？」我和他隔壁的夥伴不斷的鼓勵他，告訴他其實他很聰明、很有想像力及創造力，他卻依然不接受，不斷的喃喃自語：「我沒有優點。」

我忽然像是發現新大陸般，雙眼專注的凝視著他，說：「我發現你的優點了，你好堅持哦！雖然你堅持自己沒有優點，但我卻發現你有堅持的特質，如果是堅持好事，那就更棒了！我還發現你很誠實，你不願意說謊騙自己，所以你還有誠實這個優點哦！」他瞪大了雙眼，發現我說的話很有道理，於是在夥伴的陪伴下，開始願意說自己的優點。

一直以來，你是如何看待自己的？

我們的自我概念與自我認同，會影響到我們的行為與人際互動。如果無法看見自己發光的地方，靈魂是會奄奄一息的。

有一次上課時，我跟孩子說：「每個人都有優點，都有自己專屬的第一名。」我不希望孩子們將注意力聚

焦在成績的排名。

孩子不相信，開始挑戰我。「老師，小玲也有專屬的第一名嗎？」小玲是班上的特殊生，那天剛好去資源班上課。

我大聲的說：「當然有啊！她善良第一名，不是嗎？」

孩子們用力的點頭肯定，大聲說：「對耶！她真的是善良第一名。」

於是大家開始搶著問：「那我呢？我什麼第一名？」全班沉浸在興奮的浪潮裡。

二十六個孩子，我開始認真的一個一個說：「小芳體貼第一名、小玉主動第一名……」沒想到真的說出了二十六種第一名，而且孩子們都認為我講得很貼切。

這時小柏大聲的喊：「老師，妳安慰人第一名。」全班忍不住哄堂大笑。看來孩子已經學會將眼光放在正向事物上，並且用幽默的方式表達。

愛，讓我們看見彼此的天賦，感受靈魂的閃閃光芒。

17

讚美日記

　　《讚美日記》是一本出版超過十年的書。讚美的對象不是別人，而是自己。作者手塚千砂子從科學的角度解釋「讚美」對大腦的影響。研究顯示正向話語可以取悅大腦，促進讓身心舒適的血清素和多巴胺等荷爾蒙分泌，使前額葉區（掌管思考力、感情控制、集中力、發想力、想像力、創造力等）更加活化。作者鼓勵大家發自內心寬恕自己，肯定自我，發現自己的可能性，進而改善人際關係，活出自信。

　　讚美日記的手寫效果，還能讓前額葉區的血流更加順暢，促進活化，讓腦中產生「自我讚美迴路」，思考方式會自動變積極，也能呈現自我尊重的意識。她甚至用了一個很浪漫的說法：「所有人心中都有一個光盒，

只要稱讚自己、溫柔相待，光盒的蓋子就會開啟，光線將會從裡面發射出來。」她認為只要撰寫讚美日記一段時間，雖然改善快慢因人而異，卻能產生很大的助益，尤其是對憂鬱症或是過食症的患者特別有效。

什麼時候寫讚美日記呢？「越是想否定自己的時候，就越該養成尋找自己優點的讚美習慣。」年輕時的我，自我概念一直都十分正向，但要讚美自己卻不是一件容易的事，總是不斷檢討自己還有哪些地方需要改進，要求完美的個性讓我很難真誠的讚美自己，總覺得任何事都可以再做得更好一些。

千砂子特別強調：「即使抗拒讚美、覺得不習慣，也要使用讚美話語來『模仿讚美』。請別再一直想要改

變自己，因為這就是受苦的根源──無法『接納』自己。」於是，我就在邊抗拒邊模仿之下，開始寫我的讚美日記。

　　我的個性特質中，最讓我煩惱的是情緒化，情緒起伏很大，不容易控制自己的脾氣，很容易受小事影響心情。書中列了一些好用的讚美話語，把我這個毛病也看成優點，像是「獨特的敏感度」、或是「情緒真豐富」，來取代我一直給自己的負向語言「情緒化」。如此一來，要尋找自己的優點似乎變得簡單多了。

　　該讚美自己什麼呢？

　　不論是內在性格、心理反應、行動、感覺或是想法，甚至於自己的外表與身體的功能，凡是有關於自己

的任何事都值得讚美。若真不習慣讚美自己，也可以先從帶給自己希望、鼓勵、勇氣的話開始寫起。

作者鼓勵大家外出時隨手記下自己的優點，回家整理在筆記本上。若是能透過大腦具體形象化一些正面話語，例如「心裡的光不會消失」，不斷的想像、複誦與提醒，效果更是加倍。

我每天為孩子朗讀，並請他們每天寫讚美日記，孩子的自信的確增長不少。

是不是該把習慣苛責自己的那個放大鏡，聚焦在自己的長處呢？

因為這個特殊的讚美放大鏡，心，能滿滿發光。

真心話

老公總在散步時說出真心話。

要說出真心話並不容易，特別是男人，散步總能讓人卸下心防。

老公這幾年變了，變得更能靠近自己的情緒，特別是悲傷。自從婆婆生病後，老公一直有一個牽掛，怕婆婆走時，自己不在身旁。於是他不敢關手機，常常留意手機的訊息，即使半夜睡覺也常提心吊膽。

我心疼著，只能趁散步時，陪他聊聊悲傷與牽掛。

一天在散步時，他說：「我想開了，能接受媽媽隨時會離開的事實。我在網路上看到一位護士寫的文章。她說先生是醫生，在癌末時選擇善終，連鼻胃管都不插。因為生命無法自己進食時，已經接近生命的尾聲。這時勉強餵食，等同灌食，是一種殘忍的行為。她在先

生臨終前的那段時間，時時刻刻都陪在身邊。她希望先生走的那一刻，是在身旁守護著他的。」

老公在微風中輕輕訴說著，一個美而憂傷的故事。

她不忍先生一個人孤獨的離開。沒想到那天她只是去上個廁所，他就在那時斷氣了。剛開始她無法接受，痛不欲生。後來她漸漸發現，堅持陪到最後，也許是另一種執著。

畢竟看著心愛的人慢慢斷氣，也是人世間最大的一種折磨吧！

她忽然領悟到這是先生的體貼。先生一如往常，如此溫柔的對待她。她收下這份美好的心意，體會先生的深愛。

老公說這個故事時，語調平緩溫柔。我卻聽得眼淚直掉。

老公慎重的跟我說：「老婆，以後我走了，我也不希望妳這麼難過的陪我走到最後。看完這篇文章之後，我就想開了。如果有一天我媽走了，我不能陪在身旁，那就是我媽對我的溫柔。」

同一件事，就像錢幣一樣有兩個面向，總是存在著恐懼，也存在著愛。

換一個想法，就能看見美好的心意。理智中心真正的功用就在於此。

　　轉念，恐懼自然就轉成愛了。

　　於是這份愛，又會化成源源不絕的愛，繼續帶生命前進。

讓愛，成長成一棵頂天立地的樹。

18

愛之樹

在腦海中回想一個你深深愛著的人，他可能是你的伴侶、子女、父母、兄弟姊妹或是你的好友。

如果你和他的愛，可以長成一棵樹，會是什麼樣的樹？

一棵開花的樹？結果的樹？還是落葉繽紛的樹或是一棵枯木？

當你讀這段文字後，腦海中有浮現什麼畫面嗎？

當我一想起我和老公的愛，腦海中就出現一棵結實累累的蘋果樹。

邀請你試著拿出畫紙與畫筆，畫下你腦海中的這棵樹。接著再繼續思考下面的問題。

這棵樹如何生長？當初的種子如何種下？如何發芽？如何成長茁壯？

這棵樹的成長過程，有遭受到什麼外在壓力嗎？有

被迫長大嗎？

　　這棵樹的內在，會有兩股力量不斷衝突嗎？彼此控制嗎？不斷爭戰嗎？

　　你們的愛足夠讓這棵樹成長嗎？足夠滋養它嗎？足夠讓它活成一棵頂天立地的樹嗎？

　　你覺得一棵樹以什麼樣的方式長大，是最舒服、最自然的？

　　有沒有可能，和你深愛的他，以最舒服、最自然的方式相愛，彼此支持，成為一棵在天地間屹立不搖的樹呢？

　　透過這麼多的提問，此刻你的腦海中似乎有一些什麼想要被釋放。你可以選擇拿筆寫下任何想法、心情與身體的感受，或是拿起錄音機，開始自由的說話，也可以拿起畫筆，彩繪心中的世界。允許自己讓內在的能量，透過文字、話語或繪畫釋放。

第五章

在愛中成為自己

當「理智中心」的意圖與「情感中心」的渴望結合，就能帶來「身體中心」的意志以及真正的實踐力，活出靈魂的原廠設定。因此，「成為自己」就是一個持續覺察三個中心的歷程，一直處於「現在進行式ing」。若寫成簡單公式，就是「成為自己ing＝情感＋理智＋身體」，能幫助我們進入幸福圓滿的狀態。

二十年前的約定

一個二十年前的約定，情長的我牢記了三十六年。

「二十年後的 7 月 4 日，早上八點約在校門口見，不見不散。」永遠記得導師劉家楨老師在小學畢業的那一天，深情的與大家做了這樣的約定。

我是一個糊塗的人，怕自己遺忘，每年總會在記事本上寫下這個生命之約。日後遇見小學同學們，竟然沒有人記得這件事，還開玩笑說是我的幻想。年紀漸長，我甚至懷疑自己是否把電影情節編寫到自己的人生中。

到了約定那天，我猶豫著要不要去。如果到了校門口，發現只有我一人傻呼呼的站在那裡，我會不會心碎的再也不敢愛？再也不相信承諾？

這些年的經驗，我知道同學們都忘記了，真正讓我掛念的，是我親愛的家楨老師。如果我不去，只有老師

一人站在風裡，那又會是怎樣的光景？他是否會感到孤獨？感到被遺忘？我光是想像，心都揪了起來。

那個早晨，我就一直待在這樣的糾結裡。情感與理智一直在打架，打得昏天黑地。那時的我還不懂覺察。

最終，我沒有勇氣赴約。

這也成為生命中的一個遺憾。我始終惦念著家楨老師，也從未放棄過尋找他。聽說他後來轉調到他校；我嘗試過打電話到他校，學校卻說沒有這個人。

我始終沒有找到他。

家楨老師是我日後成為國小教師的主因。他給我許多愛與關懷，我渴望成為像他一樣的好老師。小學四年級時父母離異，我不敢告訴別人，最怕碰到填家庭基本資料，就會硬著頭皮自己填，假裝我的家庭還是一樣的幸福美滿。

當家楨老師看到我的戶口名簿時，非常訝異，把我請去辦公室談了很久。我只記得自己默默的流了很多無聲的淚，對於老師的提問只能點頭或搖頭。

從那時起，家楨老師總會照顧我多一些。我想，不是因為我成績好或個性乖巧，而是他看見一個小女孩的失落與悲傷。

國小畢業後，我仍舊跟著家楨老師上了一、兩年的假日作文課，他燃起我對文字的熱愛。上完課後，老師

會開車載我回家。青春期的我，常在莫名的憂鬱中度過。在車上，老師會試著用各種方式開導我。國三時，我猶豫著該讀五專或是高中，是家楨老師，堅持要我讀高中，堅持要我完成大學學業。

無形中，他改變了我的命運。

對於這個二十年的約定，爽約的我始終忐忑不安，要是家楨老師去了，而且只有他一個人，孤伶伶的等候，怎麼辦？

這樣的不安，偶爾會突襲我的內心深處。我甚至想過上電視節目，拜託阿亮幫我尋找恩師，這個如父親般的老師。

等到有了臉書，我突發奇想，也許家楨老師會用臉書。沒想到真的在臉書找到分別多年的他。

「浮雲一別後，流水十年間」，這是聯繫後他寫給我的第一封長信標題。他寫著：「好高興跟『我在乎的人，在乎我的人』又碰頭了，這是何等的福報。讓我們彼此打氣、相互扶持，一路快樂的走下去。」

我向老師確認當年是否真有這個約定，家楨老師說他記得。這個掛在我心上二十多年的約定真的不是我的幻想。

「您那天去了嗎？」我的心縮成一團，小心翼翼的問著。

「我沒有去，因為我想不會有任何人記得。」家楨老師的回答讓我鬆了一口氣。

還好，老師跟我一樣惦記著這段師生情。還好，我們兩人都沒有在風裡雨裡，讓這顆已經傷痕累累的心，再多一點點的傷。

當我語重心長，帶著遺憾，把這個故事說給學生聽時，孩子們熱情的安慰我：「老師，我們也來約定，而且我們一定不會忘記。」為了怕孩子遺忘，我還說我們約十年就好。我的心可承受不起，最後全世界只有我一個人記得啊！

可愛的孩子們約了 2021 年 2 月 15 日，也就是我的生日，八點在校門口見。

這十年之間，每隔幾年，孩子們就會在臉書複習這個約定。去年，還有孩子們約好要去學校，把年份記錯了。

十年的約定終於到了，幾個孩子們興奮的聚在校門口。他們等啊等，等啊等，竟然等不到老師。沒想到這次的約定，忘記的是身為老師的我。

是的，我忘了，糊塗的我徹底忘了。幸好孩子們還是想方設法找到我。

我想，孩子們的心也傷了，像當年的我。

心，破了一個洞。愛，滴滴答答的。

還記得生日那晚，我愧疚著，請求孩子們的原諒，我能理解他們的心有多傷。有趣的是，我也終於能原諒我的童年歲月，從未記得約定的同學們。

　　心，就在不斷的被傷害與原諒中，越長越大吧！

　　生日當晚，我在孩子的愛中得到救贖。

　　生命的輪迴，若是以愛深深連結，那我願意永遠待在輪迴裡。

　　愛的漣漪，在一個個的靈魂約定裡，持續不斷的擴散。

分開注意力

《記得自己》這本書，裡面提到分開注意力可以幫助我們觀察自己，記得自己。

所謂「分開注意力」是一種刻意的努力，同時意識到二個或更多的事物，與認同（見覺察小知識：認同 P200）形成對比，後者的注意力僅集中於一個事物。有時「分開注意力」也意味著記得自己，也就是同時意識到環境和處在環境中的自己。同時包含一個向外的環境注意力，與一個向內的內在注意力。

舉例來說，當你在聆聽一個人說話時，有一個注意力是向外的，在對方身上。同時有一個向內的注意力，在自己身上。觀察自己聽到對方的談話內容，內在起了什麼情緒，身體有哪些反應。

「分開注意力」是一種較高的意識狀態，又被稱作「第三種意識狀態」的主要特徵，通過記得自己而做的「分開注意力」的努力，是引入「第三種意識狀態」的一種方式。努力達到「第三種意識狀態」，是第四道學校裡教學的要點，亦即，在一天裡，對當下的每個活動的每一片刻，皆能意識到。

如何練習分開注意力：

當你走在街道上、吃東西……在你從事日常工作時，努力注意當下的細節。同時，試著意識到你自己正在做這個努力，正在用心的觀察自己。

然後留意當你又陷入想像（見覺察小知識：不做無謂的想像 P195）時，分開的注意力如何不知不覺的溜走。

當你突然「返回」分開注意力的明晰時，你將看到記得自己是變得更清醒的關鍵。記得自己微妙而簡單，但難以維持，因為它總需要一種有意識的努力。

19
看見三個中心的運作

是什麼，阻擋愛的擴散？

很多時候，頭腦和心正在打架，你看見了嗎？

心，明明很想要，頭腦卻說不可以？

明明有很多情感想表達，最後卻往心裡吞，因為理智判斷對方無法接受？

所謂煩惱即菩提，當內在有衝突時，正好是練習覺察和放下的時候。想邀請你覺察三個中心是否和諧一致？還是充滿矛盾與糾結，有時候甚至是三股力量，也就是情感、理智與身體正在同時糾纏著。

舉例來說，一位同事誤解你，情感上你覺得受傷與委屈，不被理解，心中藏著憤怒，於是內心築起一道牆，不想再跟他靠近。理智上，你告訴自己以後雙方還要合作，於是勉強自己與對方互動。

沒想到身體總是有一股反作用力，一種強烈的離斥

感，在每次互動時將你拉遠，你的眼神根本不想與對方交接，像是遠古時期看到老虎的祖先，只想逃得遠遠的……

逃離，是身體面對外在威脅，最本能的反應。

發現內在的想法與感受牴觸時，試著觀察這兩股力量的拉扯或動力，這種內在不一致的狀態，會產生一種不舒服感。此時，有一個更大的我，藉由在生活中鍛鍊「分開注意力」，也就是同時覺察理智、情感和身體三個中心的運作狀態，它們就有機會朝著同一個方向前進，而不是處於分裂或衝突。

這個真正的我、永恆的我，始終處於和諧一致的狀態，只是靜觀內在的矛盾與衝突，允許三個中心有他們各自的運作。重要的是接受當下的自己，接受同時有兩、三個不一致的自己。

這種和諧一致來自於完全的接納。這才是真正的內在一致性。

只要覺察，就多了一份注意力，即使內在有短暫的衝突，持續接納，三個中心會慢慢整合。待時機成熟時，內在自然知道該如何順著生命的流走。

愛的行動

　　一早，冷冷的天，就發生一件暖暖的事。儘管一切是從驚心動魄開始的。

　　冬日久違的陽光，讓我有動力去東區辦事。悠閒的走出捷運站，等紅燈的空檔忽然發現路邊有一個老人倒臥在花台上。

　　我猶豫著要不要靠近。我害怕，腦海中浮現上次遇到的跳樓事件。

　　他是不是昏倒了？我決定鼓起勇氣靠近他。這麼冷的天，他看起來一動也不動的癱在花台上，手上還抓著一把花，看來是賣花小販。我越走近越是害怕，想起賣火柴小女孩的故事；她最後凍死在路邊。心裡掙扎著，要先打電話報警，還是先確定他的狀況。

　　如果我輕輕觸碰他，叫醒他，會不會碰到的是一具

冰冷的屍體？

這麼冷的天，我的心在低溫掙扎著。

理智與情感又打了起來，覺察到內在衝突後，終於能鼓起勇氣輕輕碰他。

靠近細看，大約是七十多歲的老人，滿頭的白髮。我摸他，微溫，瞬間鬆了一口氣。我輕輕搖晃他，邊說著：「你還好嗎？」

這麼冷的天，這麼滄桑的老人。

心都揪了，不知道他有著什麼樣的生命故事。

看他沒反應，稍微用力的搖晃他幾下，仍想著要不要報警。幸好他終於微微的張開眼，緩慢的坐起，笑著說：「我包花包到睡著了。」

我鬆了一口氣，劇烈跳動的心稍微安放。

我想買花，減輕他的經濟負擔，但又想著我必須提著花走上大半天，再度陷入掙扎。小車上插滿花，但其實並不新鮮，半枯萎著，如同他的生命。他黝黑的皮膚全是皺紋，穿著破爛的舊衣裳，卻配上滿臉溫柔的笑意。一般人面對這樣的現狀，可能笑不出來，我卻好喜歡他在這種狀態下，還能保有如此親切溫暖的笑臉。

想到一束花只有一百元，這麼冷的天，他要賣多久才能回家休息？

最後，我的內心大喊：「啊～不管了。」情感戰勝

理智，理智願意跟隨情感，往生命中最溫暖的方向前進。

　　我興奮的挑了一把粉紅色桔梗，決定把老人的笑臉帶回家。我知道可以直接給他錢，但我若這樣做，他的心裡也許並不好受。臨走前，我挑了一張大鈔給他，跟他說不用找了，早點賣完花，趕快回家休息。

　　他的笑意更深了，九十度的鞠躬來回數次，我看得眼淚都要掉下來。

　　這麼冷的天，這麼大的年紀。

　　「這麼好心的小姐，謝謝妳。」他說了好多次。

　　感謝的聲音一直在冰冷的空氣中迴盪著，也讓我打從心底發暖。

　　感謝他讓我有一個機會，看見自己的勇敢，看見自己美好的心意。

　　這麼冷的天，我的三個中心透過整合，溫暖他人，也溫暖自己的心。

三個中心的整合

《觀察自己》提到通過觀察，意圖會從理智中心升起，可以使理智中心專注，並喚醒智慧。通過感受，渴望會從情感中心升起，可以使情感中心專注，並喚醒一種「對感受的注意力」。

注意力從兩個中心同時升起。當意圖和渴望加在一起，再與身體的感覺結合，啟動身體中心時，就具有真正的意志力和「做」的能力。

這時目標會產生於我們的「良心」，並和三個中心聯合運作，就可以建立一個指導行為的目標，逐步朝著目標前進，直到目標實現為止。這就是「良心」在一個成熟的靈魂或生命中的運作。

在《探索奇蹟》（In Search of Miraculous）中，「良心」之於情感範疇，相當於「意識」之於理智範疇。「良心」有別一般所謂的道德，是指在瞬間感受所有內在感受，包含成千上萬個矛盾的情感。因此，當「良心」清醒時，會感受到一切的不舒服和痛苦，卻也能幫助一個人開始看見自己內在所缺乏的一致性。

「良心」存在於本身沒有矛盾的人身上，它並不是痛苦，相反的，是一種我們無法了解的全新喜悅。但對於擁有數以千計的「群我」（見 P252 的定義）來說，當我們知道內在有這麼多矛盾時，「良心」覺醒的一剎那都必然引起痛苦。要是「良心」出現的時刻延長，而我們不害怕，願意接納，願意與之合作，設法保持並延長這些時刻，一種非常微妙的喜悅，與「清晰意識」的滋味，就會逐漸滲入這些時刻。

這就像是上一篇文章，我決定協助賣花老人的歷程。三個中心整合後，「良心」自然展現。

當愛滿出來

　　一個突如其來的跌倒，卻讓我們感受到前所未有的愛。

　　還記得那是大隊接力的預賽，比賽前孩子們認真的閉起雙眼，一個個專注的在心裡默念：「我會盡力，我欣賞我的認真」。

　　這是我上課的教學重點之一，與自我進行對話，成為自己最大的支持者。

　　沒想到比賽一開始我們就墊底了。棒子傳到小羚時，她因為鞋子太大，連掉了兩次，也跌了兩次。第二次的她痛得在原地爬不起來，眼看著差一步就可以交棒了。我趕緊扶著她勉強走完最後一步。好不容易把接力棒傳出去，她已痛得整個人癱在地上，動彈不得，旁邊的男老師趕緊將她抱到保健室。

比賽結束，孩子們哭了，不是因為最後一名，而是擔心小羚的狀況。有的自責自己應該要再跑快一點，幫小羚拉回一些成績。面對小羚，沒有責備，沒有抱怨，只有不捨。對於孩子們的體貼與善解人意，我忍不住流下欣慰的眼淚。幾個易感的孩子跟著我哭成一團。

　　這時，小亘在一旁大聲安慰：「這一次我們把所有的衰運都跌光了，正式的運動會我們一定會有好成績。」平常開朗率直的小民忽然衝到我面前，手裡抓著一團衛生紙，一張一張的發給正在流淚的我們。看到他充滿喜感的臉，我邊哭邊笑著說：「你從哪裡拿來的衛生紙啊？怎麼這麼體貼啦！？」

　　他抓抓頭，靦腆的說：「我看你們哭得這麼傷心，趕緊跑去教務處跟裡面的老師要了一堆面紙，他問我要做什麼，我還說，我要幫我們老師擦眼淚啊！」大家聽了，忍不住破涕為笑。

　　哈～這下可好了，連教務處的同事都知道我哭得亂七八糟了。

　　孩子們希望可以去看看小羚的傷勢，搶著要安慰她。於是，我讓他們輪流進去保健室關心她。沒想到同學的安慰讓小羚哭得更傷心，她邊哭邊說：「我對不起大家，我讓我們班變成最後一名。」

　　旁邊的幾個男孩看她這麼傷心，趕緊說笑話給她

聽。只見小翔嗚嗚咽咽的抽搐著，一邊哭泣，一邊硬是勉強自己說著笑話。我看得好心疼，卻又覺得好幸運，因為真的如我所願，教到一群天使。

下午，小羚的傷勢穩定，終於可以回到教室。我大聲的跟孩子說：「我知道老天爺為什麼要讓小羚受傷了。」孩子們好奇的睜著大眼看我，我堅定的大喊：「因為，祂要讓我們知道，我們彼此相愛。小羚的傷勢，讓大家看到彼此體貼與關懷的心，所以小羚的腿傷，乍看是壞事，其實是好事一樁呢！」孩子們個個點頭，開心的接受老天爺這個特別的安排。

「老師，我覺得我們接棒練習得還不夠，你可以每天幫我們練一節課嗎？」重視團隊精神的小軒這時舉手提出建言。於是，我們展開了一個星期的魔鬼訓練。在不耽誤課程的情況下練習接棒，孩子們自主性的發起魔鬼般的訓練，主動要求練習，讓我格外感動。

運動會當天，刺激的大隊接力在大家的引頸期盼下展開。大會為了增加比賽的可看性，將實力相當的隊伍排在一起。我們這一組是當初預賽的第七名，跟當初的第五、第六名排在一起，是兩組當中的弱組。

比賽前，我一個個捧著孩子的臉，認真的告訴他們：「不要在意輸贏，只要盡自己的全力，跑出最好的成績。」

我們一起設定的目標是第六名，因為有進步最重要。

　　比賽開始，紅色的背心，為我們帶來滿滿的元氣。孩子們一個個像活力四射的小太陽，彼此不斷的加油打氣。在家長們和學長姊的齊心加油聲中，我們竟然一路從弱組的最後一名，慢慢的追到弱組第一名。

　　比賽結束，孩子們各個充滿自信、開心地大叫：「我們沒有放棄，所以成功了。」原以為我們是第五名的，畢竟我們只是弱組中的第一名。沒想到最後成績公布，兩組成績比較後，我們竟然是五年級大隊接力的第二名。

　　運動會結束後，孩子們又喊起當年學長姊發明的、讓我有好心情的口號：「謝謝老師，老師我愛妳。」我忽然明瞭，一個預賽最後一名的班級，可以在決賽中得到第二名的原因了。

　　是愛，是因為滿滿的愛，讓奇蹟跟著來。

ABC 計畫

「我們在執行 ABC 計畫啊！」孩子們一個個睜著天真的雙眼，帶點神祕、帶點興奮，再帶點驕傲的這樣說著。

像往常一樣，夕陽從淡水河畔的上方，斜灑在操場上。我拖著疲累的身軀，匆匆的下操場準備陪學生放學。我總是全校最晚到操場的那位老師，總想在教室多留幾分鐘，讓幾個未完成功課的學生早點離開學校。

四點的夕陽竟然這樣的神采奕奕，讓我不得不低著頭走路。偶然抬起頭，發現不太對勁。是孩子們！仔細一瞧，班上的孩子們儘管站在遙遠的那一頭，每一個都盯著我看，像是見到久違的戀人般熱情，似乎打算用深情款款融化我。不對，除了含情脈脈的雙眸，每個孩子的臉上都掛著甜美的笑容。

吼～他們怎麼了？剛被主任罵過嗎？做了什麼虧心事擔心被我責罰嗎？還是我的衣服怎麼了？沒塞好嗎？被小孩的吵鬧聲轟炸一整天的我，當下很難有什麼浪漫、唯美的想法。

　　「到底發生了什麼事？」儘管我的心裡狐疑著，嘴角卻不自覺的漾起笑容。微笑，果然有強大的傳染力。

　　「你們怎麼啦？每個看起來都……『怪怪的』！」我一靠近他們，就忍不住壓低聲音問道。

　　「是小恩和小瑄啦！他們共同想出一個好點子，我們正在執行最高任務『ABC計畫』！」孩子們興奮的搶著說。

　　小恩是班上的孩子中嚼起來最Q的大皮蛋。不過，總是無厘頭的他，在愛耍寶與調皮搗蛋的掩飾下，其實有一顆善解人意的心。小瑄平常就熱情奔放，滿腦子的鬼靈精怪，是個充滿想像力與創造力的孩子。

　　「什麼是ABC計畫啊？」當我止不住好奇詢問時，孩子們馬上爭先恐後的搶著要告訴我，天哪～還在降旗呢～我趕緊要求他們安靜。幸好，平常訓練有素的他們立刻安靜坐好。

　　孩子們仍舊興奮的想告訴我這神祕的任務究竟為何，看著他們一個個雀躍的像充飽氣的氣球準備往藍天白雲飄時，我忽然覺得不需要什麼答案了。每一個甜美

的小臉蛋，燦爛的大笑容，都幫我清除了一天的疲累，這美好的一刻已「卡喳」裝進我的記憶盒中。

「當小恩喊 A 時，全班就要保持安靜。喊到 B 時，全班要一起盯著老師看。小瑄接著喊 C 時，大家都要想盡辦法用最甜美的笑容迷倒老師。」班長自告奮勇的解釋。

聽完孩子的告白，我竟然有點良心不安。我的理智中心搶先運作，不自覺的編寫受害者情節，擔心他們是不是做了虧心事，迅速阻擋我去感受孩子的愛。幸好這樣的時間非常短暫，只有幾秒的念頭閃過，就被我覺察到並放下了。

接著我的情感中心火力全開，自在的享受孩子們的情感，享受我與孩子們共同創造的粉紅泡泡。我將情感化為行動，大聲的告訴他們，我有多愛他們，然後熱情的擁抱他們，完全忘記我們仍在降旗。

孩子們像一張張白紙，在耳濡目染之下，被我渲染成粉紅色了。

我知道，我是全世界最幸福的老師了。

這樣的幸福，來自於我可以放掉頭腦的胡思亂想，自在的運作三個中心，讓三個中心充分的表達我的愛。

我把幸福吃飽飽。

20

幸福的滋味

你與幸福的關係是什麼？

你離幸福很遙遠？忽遠忽近？

還是你總在幸福中？

此刻，邀請你閉起眼睛，回想一個幸福的畫面，讓自己沉浸在這個回憶裡。當你覺得靈魂吸飽滿滿的幸福之後，請張開眼睛，在旁邊的空白處，看著我的提問，試著挑選讓你特別有感覺的問題，寫下你的答案。

讓我們一起探索，什麼是幸福。

是什麼樣的畫面，讓你感到幸福？

那時的你正在做什麼？跟誰在一起？

當你感到幸福時，身體會出現哪些感受？心裡又會有哪些感受呢？

你覺得自己是一個幸福的人嗎？

你容易感到幸福嗎？

什麼樣的幸福生活，是你真正想要的？

你能為自己做什麼，讓你更容易感到幸福？

如果幸福只是一個很簡單的狀態，只是做一件很小的事，像是喝一杯喜歡的飲料。那麼有辦法在生活中收集各種小幸福嗎？

試著把所有生活中能感覺到的各種小確幸寫下來，看看能收集多少種？

對我來說，經驗生活中各種人事物的美好，是我的幸福來源。在陽光下讀一首詩，聆聽巴哈的無伴奏，為孩子訴說一個故事，沉浸在大自然中……

我隨時隨地都能感受到周遭的美。從牆角長出來的嫩芽，水溝旁邊的青苔，遠處傳來的老鷹叫聲，都好美好美……每天睜開眼，總覺得這個世界像新的一樣，總會有一些新奇的發現。當覺察力與感官力全面開啟後，光是沉浸在這些美好的事物中，就覺得好幸福、好滿足。

　　每日睡前，我會進行我的幸福感恩儀式，在腦海中倒帶一天的發生。感受這一天，有哪些幸福的片刻，讓我覺得如此美好，然後感恩這些人事物的出現，帶給我的幸福感。

對我來說幸福是一種能力，是透過刻意練習培養的，是需要三個中心不斷整合的結果。我的理智中心幫助我觀察並收集當天發生的幸福事件，情感中心以及身體中心負責體驗幸福的過程。

邀請你一起用更簡單，卻更深刻的方式，經驗生命中的微小幸福。

在愛裡成為自己

　　心智年齡只有十歲的大表哥捎來一張照片，那是我和老公的結婚照。

　　今年剛好滿二十年。

　　當時老公做了一個創舉，堅持要當自己婚禮的主持人。他曾是東森的體育主播，口才極佳的他常常擔任親朋好友的結婚主持人。年輕時的我很害怕上台說話，要他保證不會把麥克風遞給我，才准他當婚禮主持人。

　　那天，老公播放了自己製作的求婚錄影帶。採訪我的好姊妹，問她們我應該要嫁給他的好理由，並且為我們的愛祝福。還記得第一次看到影帶時忍不住哭了，問他是什麼時候偷偷去找我的好姊妹，大家竟然都沒有告訴我。

　　老公的愛與用心，常常藏在這些精心的小時刻。

結婚那天，公公癌末沒有辦法出席。我們的婚禮，某部分是為了讓公公可以圓滿的離世。老公提到公公時，頓時在大庭廣眾之下哽咽落淚。

　　那是我第一次看見老公的淚水，他用袖口不斷拭淚，淚水卻怎樣都擦不乾。

　　最後他乾脆把整顆頭埋進他的西裝袖口中，想掩蓋那滔滔不絕的淚水。

　　情急之下，只好打破承諾，硬是把麥克風塞給我。

　　我的淚水也沒閒著，在眼眶邊掙扎著。

　　但只能說我實在是太愛美了，怕妝糊了，強忍悲傷的情緒，逞強的只讓一兩滴淚水滑落。看著老公實在哭得太慘，我只好邊哽咽，邊訴說我和老公的愛情故事。訴說他在我生病時，如何照顧我，讓我知道這是一個可以勇敢嫁的人。

　　愛，在某些痛楚的時刻，更顯晶瑩剔透。

　　仔細回想，生命中最幸福的一天，大概就是我結婚那天。得到親朋好友的熱烈支持，還臨時加開了五桌。從小到大的至親好友為我們獻上祝福。眼淚，竟成了我們最深的祝福。好友說這是她參加過最感人的婚禮。

　　現在回頭看，我從來沒有改變。我和二十年前一樣，依然愛哭、愛笑、愛熱鬧。

　　搬了家，大部分的照片都遺失了。這張照片顯得分

外珍貴。老公問大表哥照片哪來的。他說這是他當年照的，日日放在床頭，睡前會跟我們道晚安。

　　沒想到大表哥這樣守護我們，他和老公從小一起長大，感情深厚，即使到現在，仍常一同出遊。大表哥愛屋及烏，也十分疼愛我，常常惦記著我。

　　在眾人的守護與祝福下，我的一生都能如此勇敢愛。

　　想哭就哭，想笑就笑，如此敞開的做自己，在愛裡逐步成為自己。

看見本來面目

　　怎麼看見真實的自己？看見自己的本來面目？

　　有個小女孩，在她十歲時父母離異，原本考試都是二十幾名的她，忽然下定決心用功。因為看著母親悶悶不樂，她總想著：「如果我考試考好了，媽媽是不是就會比較開心了？」天真的她用盡所有力氣，上課專心聽講，下課認真複習，真的考了第二名，母親也露出難得的笑容。從此，為了讓母親開心，她開始立志當一個好學生，盡可能讓自己的成績名列前茅。

　　從這個故事中，你看見女孩的哪些特質？你認為女孩是一個什麼樣的人？

　　即使是同樣的事件，不同的人觀點不同，也會為這個女孩定義出不同的特質。有人可能覺得女孩很細心體貼、很孝順。有人覺得女孩很有恆心毅力，設定好目標

就能確實執行。不論是細心體貼或有恆心毅力，女孩具備的不會只是一種單純的特質。人類展現的生命樣貌一直都是多元的。

再來看看另一個女孩的故事。

有個女孩，每天看見媽媽因為離婚而悶悶不樂，心情也大受影響。她不懂，這麼倒楣的事為什麼發生在她們身上。她埋怨老天爺，不敢告訴同學們家裡的事。她總是假裝父母還住在一起，父親並未離家。

有時心情悶壞了，她會和幾個好朋友一起蹺課。第一次翻牆逃出校園時的心跳聲，到現在都還在腦海裡迴盪著。她跟著朋友去冰宮，穿上溜冰鞋，在五顏六色的燈光下不停旋轉飛舞，讓她忘卻所有煩惱。

你會怎麼形容這個女孩？

你在她的故事中看見什麼？

你覺得她怨天尤人嗎？覺得她逃避現實嗎？認為逃學的她是一個壞學生嗎？

兩個女孩相較起來，我們都會比較認同第一個女孩的行為，而不能接受第二個女孩所呈現的生命樣貌。

是什麼因素與特質，讓我們決定一個人的好壞？真的有所謂的好與壞嗎？

這兩個女孩是同一個人。

她們都是我，不同時期的我。一個是十歲的我，一

個是國三的我。國三的我在暑假課輔班常覺得苦悶，於是會和同學蹺課去冰宮玩。

我心疼十歲的我，也同樣心疼國三的我，我深切理解她們內在的苦。我理解不同的生命階段，可能因為外在環境，甚至於生理變化，像是受到荷爾蒙的影響，而展現出不同的身心特質。

如今回頭看生命中各個不同階段的自己，我像是收集珍珠般，一顆顆小心翼翼的捧在手心，試著把我的生命串成一條美麗的珍珠項鍊。

善良體貼，充滿孝心的是我。怨天尤人，不能接受現實的也是我。

究竟哪一個才是真實的自己？

我們常常看不清楚真實的自己，認不得自己真實的樣貌，因為我們一直認同自己扮演的角色。當我們太投入某段人生劇本時，就沒有辦法擁有一個抽離且全觀的視角，看清楚自己內在的完整性。

什麼是我們的本來面目？

什麼是我們最真實的面貌？

如果只用一種角度看自己，認定自己就是某一種樣子，生命的寬度與廣度相對是受限的。人類的內在樣貌是多元的，豐富的，我們的生命充滿各種事件，每個事件都展現出不一樣的特質，但我們看見了嗎？

成為自己是一種內在的本質狀態，是許多內在特質的不斷展現，是在每一個當下清楚知道自己要什麼，該往哪裡走，該做什麼樣的選擇與決定，內在那種明確篤定的感覺。

成為自己的過程，就是一再的看見自己內在真實的樣貌，接受在不同狀態下所呈現的每一個我。

成為自己是一個逐步拼湊自己的過程，最終是要活出完整的自己。

從群我到永恆的我

《記得自己》裡面提到自我觀察的目標是從「群我」當中培養永恆的我。永恆的我不會立刻出現，只有當認同減少，「群我」能被看見與接納時，永恆的我才會逐漸成長茁壯。

什麼是「群我」？《觀察自己》提到，我們的內在有一群「我」，他們是分裂的。有幾十乃至幾百個，互相爭吵、競爭和打鬥的「我」組成的。每個「我」都有自己的企圖、口吻、情緒和信念。我們的內在狀態是分裂且充滿矛盾的。當我透過覺察，看到「群我」正在運作，就會發生改變。當我看到自己的本來面目，就會發展出良心，並開始具有真正的內在力量。

前一篇文章提到的十歲的我與國三的我，就是「群我」的其中二個面向。

我走進新的日子，迎接嶄新的自己。

21

我是誰

怎麼找到自己當中，這個「恆久不變」的部分，進而成為自己呢？

想像如果生命中有一個你最嚮往的狀態，那會是什麼樣子？

當我們問：「我真正想要的是什麼？」有些人可能以為成為有錢人、擁有某些社會地位與成就，才是自己想要成為的樣子。

若再追問，當我有錢、有地位之後，又如何？我真正想要的是什麼？也許會回答：希望過自由自在的生活、展現天賦能力、活得幸福美滿⋯⋯

每個人心中或多或少都有一個這樣的自己，那是你內在真正渴望的，就像是靈魂長久的召喚，就好像你拿著一隻透明的畫筆，試著描繪靈魂的形狀。有時候能清

楚看見自己想要成為的狀態，但也可能只是一種稍縱即逝的感受。在某些片刻，可能是你正在做一件喜歡的事，於是經驗到這樣的自己，那是心中嚮往已久的自己，於是感到無比的喜悅。

　　我們要真正成為的，是這個「永恆不變」的自己，是珍貴獨特、無法被取代的自己，是一個經過三個中心整合後的自己，一個完整而非完美的自己。

　　究竟，我是誰？

　　如何找到「永恆不變」的自己？

　　來玩個更認識自己的心理遊戲。

　　接下來的心理測驗是這樣的：

　　如果要在「我是」這個詞後面接寫，你會想寫什麼呢？

接寫的內容可以是一個名詞或形容詞，例如我是老師、我是開朗的，也可以是一個短句。最好是不經思考，連續寫出五個，當然寫越多越好喔～

這個星期的每一天都進行這個練習，也許每天在「我是」後面接的是重覆的語詞，也許是完全不同的內容，然後觀察這一個星期的內容有什麼變化。試著看看書寫的內容與當天自我狀態或是發生事件的關連性。

試著記錄寫下的時間點，不同的時間點可能會帶來不同的感受。

這個心理遊戲沒有固定答案，因為生命從來都沒有標準答案，而是充滿各種可能性。透由提問，發現更多自己的可能性。試著探索以下的面向：

一、閱讀自己書寫的文字，觀察正向語詞比較多，還是負向較多，這與自我概念和自我認同有關。正面較多，表示自我認同傾向正面，反之亦然。若負面較

多，可以重新練習第四章的讚美日記。

二、覺察自己再次閱讀時，心中的想法與感受是什麼。

然後問自己：「我喜歡我所描述的自己嗎？這五個語詞充分的代表我嗎？如果有我沒寫到的，卻更能代表我的，那是什麼？」如果你願意，邀請你再進行一次書寫。

以我自己為例，我第一次寫的是：「我是愛。我是豐盛。我是平安。我是幸福。我是神。」但當我問自己，這些語詞真的是我嗎？還有什麼真正重要卻被我遺漏的？我寫下的答案竟然是「我是人」。我才發現我總是嚮往自己是神，與宇宙合一，但現在終於能接受自己只是一個渺小且微不足道的人，充滿矛盾與衝突的人，且願意好好當一個人，接受我的人性。

三、觀察一下自己寫的「我是」後面接的是名詞、形容詞，還是一個句子。它們分別透露出什麼樣的訊息呢？

1. 接寫的內容有情緒或身體的感受嗎？例如：我是快樂的、放鬆的。

2. 接寫內容是一種觀點、信念或是想法嗎？例如：我是女兒。這個描述代表著你在生活中所扮演的角色。

如果五個「我是」都是生活中所扮演的角色，或者角色偏多，也許可以試著思考這些角色真的代表自己嗎？如果去掉這些角色，我是什麼？這些角色彼此之間有沒有一些共同的特質，足以代表我？而這些角色共同的特質，才是真正的你。

3. 接寫內容是你內在的期待與渴望嗎？ 例如我是雲，每天自由自在。

4. 接寫內容比較接近一些精神本質的描述，達到更高的精神境界嗎？例如我是神、我是光、我是愛之類的。

5. 稍微幫自己接寫的內容做一個分類，觀察所接寫的內容，這些對你的意義是什麼？產生了什麼影響？接寫內容若是偏重情緒的描述，可能代表什麼？觀點比較多的，又是怎樣的意義？內在的渴望、期待或是連結到自己的精神本質比較多的，究竟自己想追求什麼？有沒有可能讓自己的面向更多元呢？觸碰到更多不同層次的內在呢？用更全方位的眼光重新看待自己呢？

認識自己，覺察自己，探索自己，才有可能真正愛自己。

願你對自己有更多的新發現。

成為自己 ing

　　人生，常常以為自己走上不同的路，最後發現每一條路，都通往同樣的目的地。

　　肺腺癌開刀後，我在家休養三個月，靈魂就開始蠢蠢欲動。我看見人工智慧 AlphaGo 打敗世界第一圍棋選手柯潔的新聞，忽然感到極度焦慮，擔心以後的學生怎麼面對未來的世界。他們有足夠的能力嗎？

　　雖然請病假，每週依然找時間到學校和幾位夥伴討論課程，企圖發展出創新的課程與教學，為學生的未來做準備。很幸運的申請到教育部的補助，我們十位老師開始帶領為期三週的另類夏令營，因為經費有限，十個人只能領取兩位教師的鐘點費，大家卻一點都不以為意，有共同打拚的夥伴，是幸運也是幸福。

　　我從未改變，依然熱情，回到年輕時參與國家教育

研究院的實驗計畫的自己。

　　我甚至帶著夥伴到新竹取經，拜訪華德福教育中心的主任成虹飛老師。他是我研究所的導師，那時帶我們參觀一些森林小學，對我日後的教學有很大的影響。

　　一別十八年，再見虹飛老師忍不住哽咽落淚。雖然他已頭髮花白，但對教育的熱情有增無減。他開啟了我對華德福教育的好奇，於是我展開為期三年的華德福師訓課程。

　　這是我一生中最美好的學習經驗，大量的藝術課程滋養我，不論是繪畫、戲劇、舞蹈、木工……每一季與華德福同學們歡聚，常讓我回到青春歲月的無憂無慮。一起在欒樹下野餐，在檸檬桉樹下發懶談心，有種說不出的恣意灑脫。

　　那時的我內在有許多糾結，生病後的我開始思考，究竟我想要擁有什麼樣的人生。感謝虹飛老師，讓我在混亂中理出一條清明。他說我正處於第二青春期。人到中年，不斷感受到教育體制帶來的侷限，靈魂會有種深刻的窒息感，被困在一些制度裡進退兩難。謝謝虹飛老師讓我知道他從三十到五十歲都在這樣的靈魂窒息下，學習如何在限制中持續往前，邁向自由。

　　他幫助我重新思考什麼是真正的自由。

　　華德福教育的創立者魯道夫・史坦納（Rudolf

Steiner）認為自由是基於內在真實的情感，透過思考後所採取的行動。這樣的自由不受社會框架約束，是基於個體對自己的意志、情感、思考以及內在的覺察後所產生的行動。這不是跟我多年來學習三個中心的理論不謀而合嗎？

生命一直以不同的方式，對我訴說同樣的真理。

對華德福教育來說，「我是什麼樣的人」比什麼都重要。「我以為的自己」，和「我想成為的自己」可能有點落差，但我一直企圖縮小這兩者的差距。我從未放棄成為內在渴望的自己。

究竟，要如何自由的展現我的特質，才能活出內在真實的自己？

2014 年我就在鑽石途徑課許願，想要出一本書，開始每個月在臉書分享我的讀書心得。

2018 年學習華德福後，開始撰寫覺察日記，更深刻的探索自己。我真正愛上寫作，竟然不知不覺寫了六十萬字。還記得期末報告，我用一本三十頁的小書展現自己，那是現在這本書的雛形。

2021 年參加林世儒老師的勁在工作書寫工作坊，在一個月的時間，書寫超過十萬字，回顧人生的 254 個事件，在老師與夥伴的陪伴下，哭哭笑笑的拾回散落在不同時空的自己，整合出更完整的自己。

雖然想出書，但其實不是一開始就知道自己要寫一本什麼樣的書，內在有很多衝突。理智中心接受之前的出版社的建議，寫一本指導兒童的寫作書，因為比較有市場價值。但情感中心始終有一股抗拒的力量，連帶影響到身體中心，無法有效的執行，完全提不起寫作動力。

　　三個中心持續打架，最後才承認寫作書真的不是我的優先選擇。幸好我會覺察，也能覺察，否則一輩子都在勉強自己做當下不喜歡的事。

　　不是一開始就有勇氣選擇一條難走的路，內在還是有很多自我懷疑。這是理智中心帶來的限制。它會告訴我：「妳沒有天賦，別人不會想閱讀妳的文字。妳憑什麼寫一本這麼小眾的書？要賣給誰？」

　　我不斷的質問自己，並且分辨這是自我懷疑，還是客觀事實。我要確定什麼是我真正想要的。幸好我不斷的覺察三個中心如何各自運作、產生衝突以及分工合作的歷程。最終，培養內在擁有一個更強大、穩定的恆常力量。

　　這個力量具有強大的明晰分辨能力，充分發揮理智中心的優勢，把自我懷疑轉化成內在動力，讓我相信我的文字能夠為自己與他人帶來意義與價值。一旦浮現自我懷疑的聲音，我會立即喊停，回到創作的初心：「這

是我與他人透過文字，進行一場心靈交流的互愛歷程。」

同時，在創作的過程中，只是覺察並接納各種感受，讓情感中心的能量能自由流動。在整合理智與情感之後，漸漸能依照當下的情境做出最好的決定，並藉由身體中心採取最佳的行動。這是三個中心整合後所成為的自己，能活出靈魂的本質，清楚知道自己要什麼。

我相信生命必定要透過跌跌撞撞的歷程，長出自己的力量，才是真自由。

因此，如果你問我，要如何才能真正的成為自己？

首先我們必須了解自己，才有辦法找到自己內在真正不變的品質。

對我來說，成為自己是一個進行式，如果變成一個簡單的公式，會是這樣的：「成為自己 ing= 情感 + 理智 + 身體」。這是一個自我覺察的歷程。藉由覺察自己，看見多元的內在面貌，具備豐富的完整性，接納每個面向的自己，即使不完美，卻更完整。

當我不知道自己要什麼時，也能安住在當下，接受當下的發生，接納當下的自己。在當下那一刻，讓自己活得真實而完整。如果生命只是一連串的選擇，我會在每一次覺察中，重新回到愛的狀態，那才是我最本質的狀態。

撰寫本書的歷程，也是一個自我療癒的過程。不論是堅持要陪學生畢業，不肯開刀的我；或是因為人工智慧的發展，擔心學生未來的我，背後都有一些本質，並未改變。

我一直是那個勇敢、熱情，至始至終都相信愛的自己。覺察，幫助我更快回到靈魂的原廠設定。

我很慶幸我選擇忠於我的靈魂，忠於我的創作，忠於我本質深處的愛。

於是我與自己真實的相遇。

我正走在成為自己，成為愛的路上。

一生都在成為自己 ing。

我，活在文字裡。
因文字的愛而重生。

Oasis_自由01

在愛中成為自己
—— 21天幸福覺察小練習，活出靈魂的原廠設定
Loving Yourself into Wholeness

作　　者：黃詩君
主　　編：林慧美
校　　稿：尹文琦、吳青靜
插　　畫：蕭毓書（封面折口）、丁菁菁（篇名頁）
封面設計：好春設計・陳佩琦
美術設計：邱介惠

發行人兼總編輯：林慧美
法律顧問：葉宏基律師事務所
出　　版：木果文創有限公司
地　　址：苗栗縣竹南鎮福德路124-1號1樓
電　　話：(037)476-621
客服信箱：movego.service@gmail.com
官　　網：www.move-go-tw.com

總 經 銷：聯合發行股份有限公司
電　　話：(02) 2917-8022　　傳真：(02) 2915-7212
製版印刷：禾耕彩色印刷事業股份有限公司
初　　版：2023年7月
定　　價：380元
Ｉ Ｓ Ｂ Ｎ：978-626-96731-6-2

國家圖書館出版品預行編目(CIP)資料

在愛中成為自己：21 天幸福覺察小練習，活出靈魂的原廠設定 =
Loving yourself into wholeness ／黃詩君著 . -- 初版 . -- 苗栗縣竹南
鎮：木果文創有限公司，2023.07
272 面；14.7×21 公分 . -- （Oasis 自由；1）
ISBN 978-626-96731-6-2（平裝）

1.CST: 自我實現　2.CST: 生活指導

177.2　　　　　　　　　　　　　　　　　　　112006647